池田大作先生の「仏法哲理の泉」

Soaring Higher

—— 飛翔 ——

JN190315

目 次

一生成仏の法理

学会精神

仏法即社会

一、本書は、「大白蓮華」に掲載された「輝く青春の宝珠――池田大作先生の指導を学ぶ〈仏法哲理の泉――折々の講義・指導から〉」（2018年5月号〜2023年11月号掲載）より20回分を選び『池田大作先生の仏法哲理の泉 Soaring Higher―飛翔―』として収録した。

一、御書の引用は、『日蓮大聖人御書全集　新版』（創価学会版）に基づき、ページ数は（新○○ページ）と示した。『日蓮大聖人御書全集』（創価学会版、第278刷）のページ数は（全○○ページ）と示した。

一、法華経の引用は、『妙法蓮華経並開結　新版』（創価学会版）に基づき（法華経○○ページ）と示した。

一、引用文のなかで、旧字体を新字体に、旧仮名遣いを現代仮名遣いに改め、句読点を補ったものもある。

一、肩書、名称、時節等については、掲載時のままにした。

――編集部

信心の錬磨

心《こころ》こそ大切《たいせつ》なれ——すべては「一念《いちねん》」で決《き》まる！

「心《こころ》こそ大切《たいせつ》なれ」（新1623ページ・全1192ページ）

これは、仏法の一つの重大《じゅうだい》な結論《けつろん》です。

この一節《いっせつ》は、日蓮大聖人が試練《しれん》と戦《たたか》う弟子《でし》の四条金吾《しじょうきんご》に贈《おく》られました。金吾《きんご》は武術《ぶじゅつ》に優《すぐ》れ、医術《いじゅつ》の心得《こころえ》も深《ふか》かった。重々《じゅうじゅう》そのことをご存《ぞん》じのうえで、この御文《ごもん》の前《まえ》の部分《ぶぶん》では、兵法《へいほう》を極《きわ》め、知略《ちりゃく》を尽《つ》くした武将《ぶしょう》（平将門《たいらのまさかど》）であっても最後《さいご》は敗《やぶ》れた歴史《れきし》の事例《じれい》が挙《あ》げられております。

いかなる道《みち》であれ、実力《じつりょく》も、技術《ぎじゅつ》も、知識《ちしき》も、戦略《せんりゃく》ももちろん大切《たいせつ》です。人に倍《ばい》する努力《どりょく》も大事《だいじ》である。しかし、より一重深《いちじゅうふか》く、人生《じんせい》の幸不幸《こうふこう》を決定《けってい》するのは心《こころ》です。相手《あいて》を生命《せいめい》の奥底《おうてい》から感動《かんどう》させ、揺《ゆ》り動《うご》かすのも心です。

勝負《しょうぶ》を決《けっ》しゆく究極《きゅうきょく》の力《ちから》は、心《こころ》なのです。

御書には一貫《いっかん》して、金吾《きんご》の「心《こころ》」「心《こころ》ざし」「一念《いちねん》」が深《ふか》く強《つよ》く固《かた》まるよう激《げき》励《れい》されております。

「この経《きょう》を持《たも》たん人《ひと》は難《なん》に値《あ》うべしと心得《こころえ》て持《たも》つなり」（新1544ページ・全1136ページ）

「心《こころ》ざし人《ひと》にすぐれ《勝》ておわする」（新1562ページ・全1149ページ）

「心《こころ》の財第一《たからだいいち》なり」「心《こころ》の財《たから》をつま《積》せ給《たも》うべし」（新1596ページ・全1173ページ）

「いよいよ道心堅固《どうしんけんご》にして、今度《こんど》仏《ほとけ》になり給《たま》え」（新1606ページ・全1184ページ）

「されば、能《よ》く能《よ》く心《こころ》をきたわ《鍛》せ給《たも》うにや」（新1608ページ・全1186ページ）

仏法の陰徳《いんとく》は「心《こころ》」で決《き》まる。「心《こころ》」で耐《た》え抜《ぬ》く。「心《こころ》」で開《ひら》く。そして「心《こころ》」で勝《か》つのです。まさに「心《こころ》こそ大切《たいせつ》なれ」（新1623ページ・全1192ページ）です。ただ、その心《こころ》というものは、すぐ縁《えん》に紛動《ふんどう》され、揺《ゆ》れ動《うご》いてしまう。だからこそ、師《し》の言《い》われる通《とお》り仏道修行《ぶつどうしゅぎょう》に励《はげ》み、師《し》の心《こころ》にわが心《こころ》を合致《がっち》させていく。この不二《ふに》の結合《けつごう》から、金剛不壊《こんごうふえ》の仏《ほとけ》の力《ちから》が生《う》まれるのです。

✲✧✲┈┈┈✲✧✲┈┈┈✲✧✲┈┈┈✲✧✲┈┈┈✲✧✲

身延《みのぶ》から佐渡《さど》の門下《もんか》・千日尼《せんにちあま》に宛《あ》てたお手紙《てがみ》で、大聖人は、遠《とお》く山海《さんかい》を隔《へだ》てた地《ち》で求道《きゅうどう》の志《こころざし》を重《かさ》ねる尼御前《あまごぜん》を讃《たた》えられました。

「御身《おんみ》は佐渡国《さどのくに》におわせども、心《こころ》はこの国《くに》に来《きた》れり」「心《こころ》こそ大切《たいせつ》に候《そうら》え」

（新1746ジペー・全1316ジペー）

身《み》は遠《とお》く離《はな》れていても、心《こころ》は届《とど》いていますよ！　深《ふか》くつながっていますよ！　その心こそが大切なのですよ！　――と、強《つよ》く励《はげ》まされています。「心《こころ》こそ大《たい》切《せつ》」の「心《こころ》」とは「師弟不二《していふに》の心《こころ》」なのです。

「対話」の要諦《ようてい》とは、いったい何《なに》か。埼玉出身《しゅっしん》で、日本の近代経済《きんだいけいざい》の父・渋《しぶ》沢栄一《さわえいいち》翁《おう》は訴《うった》えている。「世《よ》に至誠《しせい》ほど、偉力《いりょく》あるものはない」（渋沢青淵記念財団竜門社編『渋沢栄一訓言集』国書刊行会）と。至誠《しせい》、つまり「誠実《せいじつ》」の限《かぎ》りを尽《つ》くす以上《いじょう》の偉大《いだい》な力《ちから》はないのだ。

渋沢翁《しぶさわおう》はさらに、〝至誠《しせい》をもって、わが真心《まごころ》を表《あらわ》し、人と向《む》き合《あ》うことだ。そうすれば、いかに交際《こうさい》が下手《へた》でも、必《かなら》ず、相手《あいて》に心は通《つう》じる。小手先《こてさき》の策《さく》を用《もち》いる必要《ひつよう》などない〟（趣意）とも言《い》われていた。わが友《とも》に幸《しあわ》せになってほしい。よき社会《しゃかい》、よき未来《みらい》を一緒《いっしょ》に築《きず》いていきたい――真心《まごころ》からの真剣《しんけん》な祈《いの》りと、勇気《ゆうき》の対話《たいわ》が、自身《じしん》の境涯《きょうがい》も大《おお》きく開《ひら》いていくのだ。

戸田先生は、よく語《かた》ってくださった。

「相手《あいて》に真面目《まじめ》に真実《しんじつ》を語《かた》る。そして心《こころ》にあるものを訴《うった》えていく。これが創価学会の発祥《はっしょう》の原理《げんり》であり、発展《はってん》の原動力《げんどうりょく》である」と。

心《こころ》を打《う》つものは心《こころ》だ。妙法は、人間の心《こころ》を強《つよ》く聡明《そうめい》にする。自他共《じたとも》に幸福《こうふく》の峰《みね》へ導《みちび》き、我《われ》らの地域《ちいき》を繁栄《はんえい》させ、平和《へいわ》の世界《せかい》を築《きず》いていくための力《ちから》である。

慈悲《じひ》と智慧《ちえ》の哲理《てつり》であり、人間学《がく》であり、大法則《だいほうそく》なのである。

＊✧＊……＊✧＊……＊✧＊……＊✧＊……＊✧＊

「どんな運命《うんめい》よりももっと強力《きょうりょく》なものは心《こころ》」(『セネカ　道徳論集〈全〉』茂手木元蔵訳、東海大学出版会)と、永遠《えいえん》の都《みやこ》ローマの哲人《てつじん》セネカは宣言《せんげん》した。その通《とお》りだ。

人生《じんせい》は誰人《たれびと》たりとも、運命《うんめい》の試練《しれん》との闘争《とうそう》である。勝《か》つか負《ま》けるか。勝負《しょうぶ》は「心《こころ》」で決《き》まる。絶対《ぜったい》に勝《か》つための心《こころ》が「信心《しんじん》」である。

「心《こころ》こそ大切《たいせつ》なれ」の「心《こころ》」とは、まさに「信心《しんじん》の心《こころ》」に他《ほか》ならない。

日蓮大聖人は「各々《おのおの》、師子王《ししおう》の心《こころ》を取《と》り出《い》だして」(新1620ジペー・全1190

大事なのは心がどれだけ「裕福《ゆうふく》」か 心を豊かにしていく根幹《こんかん》が題目である

ジペー）と仰《おお》せになられた。なぜ「師子王《ししおう》」に譬《たと》えられたのか。「師子王《ししおう》は百獣《ひゃくじゅう》におじず」（同）である。周《まわ》りが全部敵《ぜんぶてき》であろうが、恐《おそ》れなく戦《たたか》い抜《ぬ》く。その最強無敵《さいきょうむてき》の勇気《ゆうき》を教《おし》えてくださっていると拝《はい》されてならない。

✲✧✲……✲✧✲……✲✧✲……✲✧✲

どんなに苦《くる》しくても、どんなに楽《たの》しくても、環境《かんきょう》で、心《こころ》の大《おお》きさは変《か》わらない。心《こころ》は、いくらでも広《ひろ》げていける。心《こころ》は、どちらの方向《ほうこう》にも行《い》ける。うんとお金持《かねも》ちになり、行《い》きたいところへ行《い》き、大《おお》きな家《いえ》に住《す》んだとしても、悪事《あくじ》を働《はたら》いて、苦《く》の報《むく》いにあえぐ不幸《ふこう》な人生《じんせい》もあるだろう。大《だい》事《じ》なのは一念《いちねん》だ。心《こころ》で決まる。

心《こころ》がどれだけ「裕福《ゆうふく》」であるか。その心《こころ》を豊《ゆた》かにしていく根幹《こんかん》が題目《だいもく》である。

永遠《えいえん》に「心《こころ》こそ大切《たいせつ》」で進《すす》もう！

全員《ぜんいん》が幸《しあわ》せになるのだ。全員《ぜんいん》が仏《ほとけ》の生命《せいめい》をもっている。生命《せいめい》に上下《じょうげ》などあるはずがない。

どうか朗《ほが》らかに！　幸《しあわ》せに！　勝者《しょうしゃ》に！

粘《ねば》り強《づよ》い〝生命《せいめい》の帝王《ていおう》〟になって、すべて、最後《さいご》は「勝《か》った！」と言《い》える人生《じんせい》を、ともどもに送《おく》りましょう！

当詣道場《とうけいどうじょう》——今《いま》いる場所《ばしょ》で幸《しあわ》せに

大聖人は、「御義口伝《おんぎくでん》」で「『此人《しにん》』とは、法華経《ほけきょう》の行者《ぎょうじゃ》なり。法華経を持《たも》ち奉《たてまつ》る処《ところ》を、『当詣道場《とうけいどうじょう》』と云《い》うなり。ここを去《さ》ってかしこに行《い》くにはあらざるなり。『道場《どうじょう》』とは、十界《じっかい》の衆生《しゅじょう》の住所《じゅうしょ》を云《い》うなり。今《いま》、日蓮等《にちれんら》の類《たぐ》い、南無妙法蓮華経と唱《とな》え奉《たてまつ》る者《もの》の住所《じゅうしょ》は、山谷曠野《せんごくこうや》、皆《みな》、寂光土《じゃっこうど》なり。これを『道《どう》場《じょう》』と云《い》うなり」（新1086ページ・全781ページ）と仰《おお》せである。

これは、「法華経普賢品第二十八《ふげんぼんだい》」の、末法《まっぽう》に法華経を受持《じゅじ》し、信行《しんぎょう》に励《はげ》む人について「此《こ》の人《ひと》は久《ひさ》しからずして、当《まさ》に道場《どうじょう》に詣《いた》って」（法華経676ページ）と説《と》かれた文《もん》についての御義口伝《おんぎくでん》である。

「此《こ》の人《ひと》」とは、法華経の行者《ぎょうじゃ》であり、別《べっ》しては日蓮大聖人である。総《そう》じては三大秘法《さんだいひほう》の南無妙法蓮華経を受持《じゅじ》し、実践《じっせん》する人である。そして、この三大《さんだい》秘法《ひほう》の仏法を受持《じゅじ》し修行《しゅぎょう》しているその場所《ばしょ》こそ、一生成仏《いっしょうじょうぶつ》にいたる「当詣道《とうけいどう》場《じょう》」なのである。

この娑婆世界《しゃばせかい》を去《さ》って、極楽浄土等《ごくらくじょうどとう》の他土《たど》へ行《い》くのではない。道場《どうじょう》とは十界《じっかい》の衆生《しゅじょう》の住所《じゅうしょ》をいうのである。いま、日蓮大聖人およびその門下《もんか》として南無妙法蓮華経と唱《とな》える者《もの》の住所《じゅうしょ》は、それが山谷曠野《せんごくこうや》いずこにあっても、すべて「寂《じゃっ》光土《こうど》」すなわち「仏国土《ぶっこくど》」なのである。これを道場《どうじょう》といったのである、との仰《おお》せである。

その人がいる、その場所《ばしょ》が「寂光土《じゃっこうど》」になっていく。

✲✧✲┈┈✲✧✲┈┈✲✧✲┈┈✲✧✲┈┈✲✧✲

大聖人が「立正安国論《りっしょうあんこくろん》」を認《したた》められた当時《とうじ》の鎌倉《かまくら》は、大地震が頻発《ひんぱつ》し、飢饉《ききん》が打《う》ち続《つづ》き、疫病《えきびょう》が蔓延《まんえん》していた。時代《じだい》を問《と》わず、人は最悪《さいあく》な事態《じたい》が続《つづ》くと、

この荒《あ》れ狂《くる》う現実《げんじつ》のなかで幸福《こうふく》を築《きず》き上《あ》げる道を教える仏法

自分《じぶん》のいる環境《かんきょう》、社会《しゃかい》に絶望《ぜつぼう》し、〝もう、何《なに》をしてもだめだ〟との思《おも》いをいだき、〝この苦《くる》しい現実《げんじつ》からなんとか逃《のが》れたい〟と考《かんが》えてしまいがちなものだ。

そして、今《いま》いる場所《ばしょ》で、努力《どりょく》、工夫《くふう》を重《かさ》ねて現状《げんじょう》を打破《だは》していくのではなく、投《な》げやりになったり、受動的《じゅどうてき》に物事《ものごと》を受《う》けとめるだけになったりしてしまう。その結果《けっか》、不幸《ふこう》の連鎖《れんさ》を引《ひ》き起《お》こしていくことになる。

それは、鎌倉時代《かまくらじだい》における、「西方浄土《さいほうじょうど》」を求《もと》める現実逃《げんじつとう》避《ひ》、「他力本願《たりきほんがん》」という自己努力《じこどりょく》の放棄《ほうき》などと、軌《き》を一《いつ》にするとはいえまいか。いわば、念仏思想《ねんぶつしそう》とは、人間が困難《こんなん》に追《お》い込《こ》まれ、苦悩《くのう》に沈《しず》んだ時《とき》に陥《おち》りがちな、生命傾向《せいめいけいこう》の象《しょう》徴的《ちょうてき》な類型《るいけい》でもある。

つまり、人は、念仏的志向《ねんぶつてきしこう》を生命《せいめい》の働《はたら》きとしてもっているからこそ、念仏《ねんぶつ》に同調《どうちょう》していくのである。大聖人は、念仏破折《ねんぶつはしゃく》をもって、あきらめ、現実逃避《げんじつとうひ》、無気力《むきりょく》といった、人間の生命《せいめい》に内在《ないざい》し、結果的《けっかてき》に人を不幸《ふこう》にしていく〝弱《よわ》さ〟の根《ね》を絶《た》とうとされたのである。

大聖人は、「法華経《ほけきょう》を持《たも》ち奉《たてまつ》る処《ところ》を、『当詣道場《とうけいどうじょう》』と云《い》うなり。ここを去《さ》ってかしこに行《い》くにはあらざるなり」（新1086ジペー・全781ジペー）と叫《さけ》ばれている。

南無妙法蓮華経と唱《とな》え、信心に励《はげ》むところが、成仏《じょうぶつ》へと至《いた》る仏道修行《ぶつどうしゅぎょう》の場所《ばしょ》となるのだ。自分《じぶん》の今《いま》いるところを去《さ》って、どこかにいくのではない。この荒《あ》れ狂《くる》う現実《げんじつ》のなかで、生命力《せいめいりょく》をたぎらせ、幸福《こうふく》を築《きず》き上《あ》げていく道《みち》を教《おし》えているのが日蓮仏法である。

＊✧＊……＊✧＊……＊✧＊……＊✧＊……＊✧＊

大聖人は、次《つぎ》のようにも仰《おお》せである。佐渡流罪《さどるざい》の大難《だいなん》の中《なか》で認《したた》められた御言《おこと》葉《ば》である。

「私たちが住《す》んで、法華経を修行《しゅぎょう》する所《ところ》は、どんな所《ところ》であれ、常寂光《じょうじゃっこう》の都《みやこ》となるであろう。私たちの弟子《で》檀那《だんな》となる人は、一歩《いっぽ》も歩《あゆ》むことなくして、天竺《てんじく》（インド）の霊鷲山《りょうじゅせん》を見《み》、本有《ほんぬ》（永遠《えいえん》の昔《むかし》から存在《そんざい》する）の寂光土《じゃっこうど》へ昼夜《ちゅうや》に往復《おうふく》されるのである」（新1784ページ・全1343ページ、通解）

要《よう》するに、大聖人に連《つら》なり、広宣流布の魂《たましい》を燃《も》やして、妙法を実践《じっせん》する人がいる所《ところ》こそが、常寂光《じょうじゃっこう》の浄土《じょうど》なのである。仏法の真髄《しんずい》は、どこか遠《とお》くにあるのではない。今《いま》、ここに厳然《げんぜん》とある。今《いま》、ここを離《はな》れて、仏法はない。

✼✧✼　✼✧✼　✼✧✼　✼✧✼　✼✧✼

創価学会は、どこにあるのか――。

遠《とお》く彼方《かなた》にあるのではない。自分《じぶん》が暮《く》らし、日々《ひび》戦《たたか》い、励《はげ》ましの歩《あゆ》みを運《はこ》ぶ、わが地域《ちいき》、わが地区《ちく》、わがブロックにこそ、絢爛《けんらん》たる創価の大城《だいじょう》があるのだ。

ゆえに、そこに、「わが組織《そしき》を見《み》よ。これが創価学会だ！」と胸《むね》を張《は》れる、歓喜《かんき》と麗《うるわ》しき人間共和《きょうわ》の実像《じつぞう》をつくらねばならない。

わが組織《そしき》に——

功徳《くどく》の体験《たいけん》の花《はな》は咲《さ》き薫《かお》っているか！
信心の歓喜《かんき》と確信《かくしん》はあふれているか！
宿命《しゅくめい》の嵐《あらし》に敢然《かんぜん》と挑《いど》み立《た》つ、勇気《ゆうき》はみなぎっているか！
仏道修行《ぶつどうしゅぎょう》への挑戦《ちょうせん》と、切磋琢磨《せっさたくま》はあるか！
粘《ねば》り強《づよ》い励《はげ》ましの対話《たいわ》はあるか！
信頼《しんらい》の絆《きずな》と団結《だんけつ》はあるか！
皆《みな》に創価の師弟《してい》の誇《ほこ》りは脈打《みゃくう》っているか！

◇

自分《じぶん》が今《いま》いる活動《かつどう》の舞台《ぶたい》が、「当詣道場《とうけいどうじょう》」、すなわち、一生成仏《いっしょうじょうぶつ》のための仏道《ぶつどう》修行《しゅぎょう》の場《ば》となるのだ。

したがって、どこか別《べつ》の世界《せかい》に、本当《ほんとう》の「創価学会」があるなどと考《かんが》えるのは誤《あやま》りである。

〝広宣流布の建設《けんせつ》とは、まず、自分《じぶん》のいる組織《そしき》を、盤石《ばんじゃく》に築《きず》き上《あ》げていくことだ。それには、自身《じしん》が、建設《けんせつ》の勇者《ゆうしゃ》となることだ。誰《だれ》かではない。自分《じぶん》が立《た》つのだ。

一人立《ひとりた》つ——そこから、すべては始《はじ》まる。それが、創価の永遠《えいえん》の精神《せいしん》だ。皆《みな》が山本伸一の分身《ぶんしん》だ。皆《みな》が会長《かいちょう》だ！〟

これが、伸一の、生命《せいめい》の叫《さけ》びであった。

八風《はっぷう》——負《ま》けじ魂《だましい》 朗《ほが》らかに

「八風《はっぷう》」とは仏道修行《ぶつどうしゅぎょう》をさまたげる働《はたら》きであり、「利《うるお》い、誉《ほま》れ、称《たた》え、楽《たの》しみ」の四順《しじゅん》と、「衰《おとろ》え、毀《やぶ》れ、譏《そし》り、苦《くる》しみ」の四違《しい》があります。

それぞれを簡潔《かんけつ》に言《い》い表《あらわ》すと次《つぎ》のようになります。

「利《うるお》い」は、利益《りやく》を得《え》て潤《うるお》うこと。

「誉《ほま》れ」は、世間《せけん》から誉《ほ》められること。

「称《たた》え」は、人々から称《たた》えられること。

「楽《たの》しみ」は、心身《しんしん》が楽《たの》しいこと。

「衰《おとろ》え」は、さまざまに損《そん》をすること。

「毀《やぶ》れ」は、世間《せけん》から軽蔑《けいべつ》されること。

「譏《そし》り」は、人々から悪口《あっこう》を言《い》われること。

「苦《くる》しみ」は、心身《しんしん》が苦《くる》しむこと。

一般的《いっぱんてき》に人々が望《のぞ》み求《もと》めることが四順《しじゅん》であり、いやがり避《さ》けることが四違《しい》です。

しかし、仮《かり》に四順《しじゅん》を得《え》たとしても、それは一時的《いちじてき》、相対的《そうたいてき》な幸福《こうふく》にすぎません。永遠《えいえん》に順風満帆《じゅんぷうまんぱん》の人生《じんせい》などありえないものです。凪《なぎ》のような日もあれば、怒濤《どとう》の日もある。それが人生《じんせい》の実相《じっそう》です。

にもかかわらず、人間は世間体《せけんてい》や格好《かっこう》、形式《けいしき》ばかりを気《き》にして、内実《ないじつ》をおろそかにしたり、世間《せけん》の毀誉褒貶《きよほうへん》や目先《めさき》の利害損得《りがいそんとく》に風向《かざむ》きのままに流《なが》されてしまう。

それでは、人生《じんせい》に襲《おそ》いかかる苦難《くなん》の烈風《れっぷう》や、時代社会《じだいしゃかい》の激動《げきどう》の嵐《あらし》の前《まえ》には、ひとたまりもなくなってしまいます。

要《よう》は、八風《はっぷう》に動《どう》じない「自分自身《じぶんじしん》」であることです。

大聖人は、利益《りやく》があっても喜《よろこ》ばず、損《そん》をしても嘆《なげ》かないような、八風《はっぷう》に侵《おか》されない人《ひと》を必《かなら》ず諸天《しょてん》が守《まも》っていくと仰《おお》せです。

◇

牧口先生はこう指導《しどう》されています。

「御書にも『愚人《ぐにん》にほめ《褒》られたるは第一《だいいち》のはじ《恥》なり』（新121ジペー・全237ジペー）とあり、仏法者《ぶっぽうしゃ》たる者《もの》は物事《ものごと》の根本《こんぽん》、価値観《かちかん》を判断《はんだん》するさい、あくまで仏法で説《と》く厳《きび》しき因果関係《いんがかんけい》を基準《きじゅん》にしなければならない。ひとの毀誉褒貶《きよほうへん》に左右《さゆう》されては大善人《だいぜんにん》とはなれない」

戸田先生も「青年訓《せいねんくん》」で、「愚人《ぐにん》にほむらるるは、智者《ちしゃ》の恥辱《ちじょく》なり。大聖《たいせい》にほむらるるは、一生《いっしょう》の名誉《めいよ》なり」と呼《よ》びかけられています。

これが牧口先生、戸田先生の師弟《してい》に貫《つらぬ》かれた学会精神《がっかいせいしん》です。

法華経に説《と》かれる通《とお》り、悪口罵詈《あっくめり》を受《う》けてこそ、正《ただ》しき信仰者《しんこうしゃ》の証《あか》しがある。広宣流布の不撓不屈《ふとうふくつ》の闘争《とうそう》は、ほかの誰《だれ》でもない、御本仏《ごほんぶつ》が御照覧《ごしょうらん》くださっています。これ以上《いじょう》の栄誉《えいよ》はありません。

◇

八風《はっぷう》に侵《おか》されない不動《ふどう》の人《ひと》、すなわち、何《なに》ものにも揺《ゆ》るがぬ心《こころ》で、絶対的《ぜったいてき》な幸福《こうふく》を追求《ついきゅう》する人《ひと》こそが「賢人《けんじん》」です。

真実《しんじつ》の信仰者《しんこうしゃ》の究極《きゅうきょく》の姿《すがた》も、ここにあるのです。

◇

「賢人《けんじん》」とは一般的《いっぱんてき》にも、正邪《せいじゃ》を峻別《しゅんべつ》する力《ちから》のある人《ひと》を指《さ》します。本質《ほんしつ》を把《は》握《あく》する力《ちから》を持《も》つ人《ひと》ともいえるでしょう。

八風《はっぷう》に動《どう》じない確固《かっこ》とした自身《じしん》を築《きず》くためには、正邪《せいじゃ》を峻別《しゅんべつ》し、幸不幸《こうふこう》の因《いん》果《が》を説《と》く「法《ほう》」と「師匠《ししょう》」の存在《そんざい》が不可欠《ふかけつ》です。

正《ただ》しい法《ほう》に説《と》かれるがままに、そして正《ただ》しい師匠《ししょう》の指導通《しどうどお》りに実践《じっせん》に励《はげ》む。その「賢人《けんじん》の道《みち》」を貫《つらぬ》き、妙法を根本《こんぽん》とした生《い》き方《かた》に徹《てっ》するからこそ、諸天善神《しょてんぜんじん》も守《まも》ると大聖人は仰《おお》せなのです。

反対《はんたい》に「非理《ひり》」、道理《どうり》に背《そむ》いた者《もの》は諸天《しょてん》は守《まも》りません。仏法は、法《ほう》に基《もと》づく道理《どうり》の世界《せかい》だからです。

◇

八風《はっぷう》に侵《おか》されない「賢人《けんじん》」の生《い》き方《かた》とは、別《べつ》の言《い》い方《かた》をすれば「負《ま》けない人《ひと》」の異名《いみょう》ともいえるでしょう。

学会《がっかい》が、大難《だいなん》の連続《れんぞく》の中《なか》、なぜこれだけの大発展《だいはってん》を遂《と》げることができたのか。それは、尊《とうと》きわが学会員《がっかいいん》の皆様《みなさま》が八風《はっぷう》に動《どう》ずることなく、まっすぐな信心を貫《つらぬ》き、断《だん》じて負《ま》けない人生《じんせい》を歩《あゆ》まれてきたからにほかなりません。

へこたれない。あきらめない。粘《ねば》り強《づよ》く歩む人が、最後には必ず勝つ

だから、諸天《しょてん》からも厳然《げんぜん》と守《まも》られたのです。

「負《ま》けじ魂《だましい》」です。

負《ま》けないことが人生勝利《じんせいしょうり》の最大《さいだい》の要諦《ようてい》といっても過言《かごん》ではありません。

途中《とちゅう》はどんなに辛《つら》く苦《くる》しくとも、へこたれない。あきらめない。

粘《ねば》り強《づよ》く歩《あゆ》みを進《すす》めた人《ひと》が、最後《さいご》には必《かなら》ず勝《か》つのです。

「負《ま》けじ魂《だましい》」の人《ひと》には、決《けっ》して悲愴感《ひそうかん》が漂《ただよ》うようなことはない。

「負《ま》けじ魂《だましい》 朗《ほが》らかに」です。

常《つね》に頭《こうべ》を上《あ》げ、前《まえ》を向《む》いて、胸《むね》を張《は》り、朗《ほが》らかに堂々《どうどう》と「負《ま》けじ魂《だましい》」を発揮《はっき》していくことです。

私《わたし》たちは「衆生所遊楽《しゅじょうしょゆうらく》」の大仏法《だいぶっぽう》を持《たも》っているのです。

「苦楽《くらく》ともに思《おも》い合《あ》わせて南無妙法蓮華経とうち《打》となえ《唱》い《居》させ給《たま》え」（新1554ページ・全1143ページ）です。すべてを見《み》おろして、一歩《いっぽ》また一歩《いっぽ》と信心に励《はげ》んでいけばよいのです。

世界《せかい》はますます深《ふか》く仏法を求《もと》めている時代《じだい》に入《はい》っています。

一人一人が生《う》まれ変《か》わった息吹《いぶき》で、勇敢《ゆうかん》に楽《たの》しく賢《かしこ》く、広宣流布の大闘争《だいとうそう》を展開《てんかい》していこうではありませんか。これこそが、いかなる毀誉褒貶《きよほうへん》の八風《はっぷう》にも微動《びどう》だにしない、「賢人《けんじん》」の生《い》き方《かた》です。

忍辱《にんにく》の心《こころ》――未来《みらい》を創《つく》る智慧《ちえ》と力《ちから》を

御義口伝《おんぎくでん》には、「『忍辱《にんにく》』は、寂光土《じゃっこうど》なり。この忍辱《にんにく》の心《こころ》を、『釈迦牟尼仏《しゃかむにぶつ》』といえり」（新1073ジペー・全771ジペー）との甚深《じんじん》の教《おし》えがある。

仏《ほとけ》の真髄《しんずい》の強《つよ》さは、ありとあらゆる苦難《くなん》を堪《た》え忍《しの》ぶ「忍辱《にんにく》の心《こころ》」にあるとの仰《おお》せである。

◇

忍辱《にんにく》の心《こころ》とは、いかなる娑婆世界《しゃばせかい》の嵐《あらし》に晒《さら》されようと、心《こころ》が負《ま》けないことだ。心《こころ》が恐《おそ》れぬことだ。心《こころ》が揺《ゆ》るがぬことだ。この忍辱《にんにく》の心《こころ》にこそ、仏《ほとけ》の力《ちから》、仏《ほとけ》の智慧《ちえ》、仏《ほとけ》の生命《せいめい》が脈動《みゃくどう》する。

大聖人は、御自身《ごじしん》の法華経の行者《ぎょうじゃ》としての御境地《ごきょうち》を次《つぎ》のように述《の》べられています。

「されば、日蓮《にちれん》が法華経《ほけきょう》の智解《ちげ》は天台《てんだい》・伝教《でんぎょう》には千万《せんまん》が一分《いちぶん》も及《およ》ぶことなけれども、難《なん》を忍《しの》び慈悲《じひ》のす《勝》ぐれたることはお《畏》それをもい《抱》だきぬべし」（新72ページ・全202ページ）

法華経に対《たい》する智解《ちげ》の深《ふか》さは、仮《かり》に、天台《てんだい》・伝教《でんぎょう》のほうが勝《まさ》っているとしても、「忍難《にんなん》」と「慈悲《じひ》」においては、はるかに大聖人が勝《まさ》っているとの仰《おお》せです。

もちろん、末法《まっぽう》の弘通《ぐつう》にあっても、法華経に対《たい》する「智解《ちげ》」、すなわち道理《どうり》を尽《つ》くして、理路整然《りろせいぜん》たる教義《きょうぎ》の展開《てんかい》から語《かた》りゆくことは重要《じゅうよう》です。大聖人も、理論的解明《りろんてきかいめい》の功績《こうせき》を天台《てんだい》・伝教《でんぎょう》に譲《ゆず》られることはあっても、その必要性《ひつようせい》を心が負けない。恐《おそ》れない。揺《ゆ》るがない。
この忍辱《にんにく》の心に、仏の力《ちから》、智慧《ちえ》、生命が脈動《みゃくどう》

否定《ひてい》されているわけではありません。

しかし、それ以上《いじょう》に重要《じゅうよう》なことがある。それは、悪世末《あくせまっ》法《ぽう》に現実《げんじつ》に法《ほう》を弘《ひろ》め、最《もっと》も苦《くる》しんでいる人々を救《すく》い切《き》っていく「忍難《にんなん》」と「慈悲《じひ》」です。

この「忍難《にんなん》」と「慈悲《じひ》」は、表裏一体《ひょうりいったい》です。民衆救済《みんしゅうきゅうさい》の慈悲《じひ》が深《ふか》いからこそ、難《なん》を忍《しの》んで法《ほう》を弘《ひろ》めていく力《ちから》も勝《すぐ》れているのです。

「難《なん》を忍《しの》び」とは、決《けっ》して一方的《いっぽうてき》な受《う》け身《み》の姿《すがた》ではありません。末法《まっぽう》は「悪《あく》」が強《つよ》い時代《じだい》です。その悪《あく》を破《やぶ》り、人々を目覚《めざ》めさせる使命《しめい》を自覚《じかく》した人は、誰《だれ》であれ、難《なん》と戦《たたか》い続《つづ》ける覚悟《かくご》を必要《ひつよう》とするからです。その根底《こんてい》には、末《まっ》法《ぽう》の人々に謗法《ほうぼう》の道《みち》を歩《あゆ》ませてはならないという厳父《げんぷ》の慈《じ》悲《ひ》があります。その厳愛《げんあい》の心《こころ》こそが、末法《まっぽう》の民衆救済《みんしゅうきゅうさい》に直《ちょっ》

結《けっ》します。

✻✧✻……✻✧✻……✻✧✻……✻✧✻……✻✧✻

法華経には、悪世末法《あくせまっぽう》の弘通《ぐつう》の方軌《ほうき》として「衣座室《えざしつ》の三軌《さんき》」という考《かんが》え方《かた》があります。これは、「如来《にょらい》の室《しつ》（部屋《へや》）」に入《はい》り、「如来《にょらい》の衣《ころも》」を着《き》、「如来《にょらい》の座《ざ》」に座《すわ》って法《ほう》を説《と》くという、「如来《にょらい》の心《こころ》」を示《しめ》したものです。

「如来《にょらい》の使《つか》い」として「如来《にょらい》の事《じ》」（仏《ほとけ》の仕事《しごと》）を行《ぎょう》ずる実践《じっせん》に置《お》き換《か》えれば、まず、私たちは柔和忍辱《にゅうわにんにく》の心《こころ》で（如来《にょらい》の衣《ころも》を着《き》て）、迫害《はくがい》に厳然《げんぜん》と耐《た》え忍《しの》ぶことができる。真《しん》の勇気《ゆうき》があるからこそ、「能忍《のうにん》」つまり「能《よ》く忍《しの》んで」、ついには勝《か》つことができるのです。

✻✧✻……✻✧✻……✻✧✻……✻✧✻……✻✧✻

20世紀《せいき》の大歴史学者《だいれきしがくしゃ》トインビー博士との対話《たいわ》の折《おり》に、私は「これからの青年が一番心《いちばんこころ》がけるべきことは？」と尋《たず》ねたことがある。

博士は熟考《じゅっこう》されつつ、「忍耐強《にんたいづよ》くあれ」との一言《ひとこと》を贈《おく》ってくださった。急速《きゅうそく》に変化《へんか》を続《つづ》ける、困難《こんなん》な時代《じだい》を生《い》きねばならない青年たちの辛労《しんろう》を思《おも》いやられての発言《はつげん》であった。

21世紀《せいき》を担《にな》い立《た》つ世代《せだい》には、いやまして多《おお》くの難問《なんもん》が立《た》ちはだかっている。その中《なか》にあって、わが創価の青年たちは、来《く》る日《ひ》も来《く》る日《ひ》も、生命尊厳《せいめいそんげん》の哲《てつ》理《り》の旗《はた》を掲《かか》げ、忍耐強《にんたいづよ》く「立正安国《りっしょうあんこく》」の行動《こうどう》に打《う》って出《で》てくれている。何《なん》と明《あか》るく、頼《たの》もしいことか。

法華経には、「太陽《たいよう》と月《つき》の光明《こうみょう》が、諸々《もろもろ》の闇《やみ》を除《のぞ》くことができるように、妙法を受持《じゅじ》する人は世間《せけん》の中《なか》で行動《こうどう》して、衆生《しゅじょう》の闇《やみ》を滅《めっ》することができる」（趣意、法華経575ページ）と説《と》かれる。

舞台《ぶたい》は「世間《せけん》」。すなわち、濁《にご》り乱《みだ》れた社会《しゃかい》の真《ま》っ只中《ただなか》で、地涌《じゆ》の若人《わこうど》は、何《なに》ものにもへこたれず、苦《くる》しみをも楽《たの》しみに変《か》えながら、絶望《ぜつぼう》の闇《やみ》を打《う》ち破《やぶ》り、前途《ぜんと》を照《て》らし晴《は》らす妙法の光《ひかり》を放《はな》っていくのだ。

広宣流布の巌窟王《がんくつおう》たる戸田城聖先生も、「私は信心のこととなると、強情《ごうじょう》なまでに辛抱強《しんぼうづよ》いんだよ」と言《い》われていたことが、胸《むね》に熱《あつ》く蘇《よみがえ》る。

日蓮大聖人が、仏教史上《ぶっきょうしじょう》、初《はじ》めて開《ひら》いてくださった「仏法即社会《そくしゃかい》」の正道《せいどう》を、忍辱《にんにく》の鎧《よろい》を着《き》て勇猛精進《ゆうみょうしょうじん》し、勝利《しょうり》の実証《じっしょう》を打《う》ち立《た》ててきたのが、我《われ》ら創価の師弟《してい》の誇《ほこ》りである。

✲✧✲ ✲✧✲ ✲✧✲ ✲✧✲ ✲✧✲

真《しん》の忍耐《にんたい》を知《し》る人は、未来《みらい》を創《つく》る智慧《ちえ》と力《ちから》をもっています。地涌《じゆ》の菩薩《ぼさつ》は「大忍辱力《だいにんにくりき》」（法華経459ページ）を持《も》つ希望《きぼう》の勇者《ゆうしゃ》です。大《おお》いなる目的《もくてき》のために、じっと耐《た》え忍《しの》ぶ力《ちから》を持《も》つ、悪世乱世《あくせらんせい》の弘通《ぐつう》の闘士《とうし》です。

勝利《しょうり》は地涌《じゆ》の底力《そこぢから》の証《あか》しです。したがって地涌《じゆ》の誓願《せいがん》に生《い》き抜《ぬ》く創価の師弟《してい》は、何《なに》ものにも負《ま》けない。敗《やぶ》れることはありません。

私たちは、久遠《くおん》の使命《しめい》を持《も》って、勝《か》つために生《う》まれてきたのです。ゆえに、勝利《しょうり》の実証《じっしょう》は絶対《ぜったい》に間違《まちが》いないのです。

宿命転換《しゅくめいてんかん》——苦難《くなん》を恐《おそ》れない、嘆《なげ》かない!

朝《あさ》、太陽《たいよう》が昇《のぼ》れば、夜中《よなか》にきらめいていた星《ほし》の輝《かがや》きは太陽《たいよう》の光《ひかり》に包《つつ》まれて、直《ただ》ちに地上《ちじょう》の私たちが肉眼《にくがん》で見《み》ることができなくなります。

同《おな》じように、謗法《ほうぼう》を打《う》ち破《やぶ》る深《ふか》い信《しん》によって妙法の太陽《たいよう》が胸中《きょうちゅう》に赫々《かっかく》と昇《のぼ》れば、私たちの生命《せいめい》には仏界《ぶっかい》が涌現《ゆげん》します。すると、これまで私たちを苦《くる》しめていた地獄《じごく》の苦《くる》しみも、直《ただ》ちに消《き》えるのです。まさに、晴《は》れやかな大晴天《だいせいてん》の輝《かがや》きの前《まえ》に、一切《いっさい》の重罪《じゅうざい》は消《き》え果《は》てていくのです。

宿業《しゅくごう》の苦《くる》しみは断《だん》じて消《き》える!

不幸《ふこう》の闇《やみ》を払《はら》い、勝利《しょうり》の太陽《たいよう》が昇《のぼ》る!

これが日蓮大聖人の大確信《だいかくしん》であられます。まさに、宿命転換《しゅくめいてんかん》の仏法とは、希《き》望《ぼう》の宗教《しゅうきょう》であり、幸福革命《こうふくかくめい》の宗教《しゅうきょう》の異名《いみょう》にほかなりません。

◇

宿命転換《しゅくめいてんかん》を実現《じつげん》する力《ちから》について、日蓮大聖人は、般泥洹経《はつないおんぎょう》の「護法《ごほう》の功徳《くどく》力《りき》」という表現《ひょうげん》に注目《ちゅうもく》されています。

「護法《ごほう》」とは、文字通《もじどお》り「法《ほう》」を護《まも》ること、すなわち、仏法を実践《じっせん》することです。「謗法《ほうぼう》」が悪《あく》から悪《あく》への流転《るてん》の根本《こんぽん》の因《いん》であるがゆえに、「護法《ごほう》」の実践《じっせん》によって、その流転《るてん》をとどめることができるのです。

護法《ごほう》の目的《もくてき》は、人間の幸福《こうふく》です。その意味《いみ》で、人間の中《なか》にある成仏《じょうぶつ》の法《ほう》を守《まも》っていくことによって護法《ごほう》の功徳力《くどくりき》が現《あらわ》れてくるのです。

すなわち、法華経の行者《ぎょうじゃ》として戦《たたか》いぬくなかで、法《ほう》に背《そむ》く悪《あく》の生命《せいめい》がたたき出《だ》され、無明《むみょう》を破《やぶ》ることができるのです。その具体的実践《ぐたいてきじっせん》が「悪《あく》と戦《たたか》う」こと、すなわち折伏《しゃくぶく》の実践《じっせん》にほかなりません。人々の無明《むみょう》を助長《じょちょう》し、法性《ほっしょう》を覆《おお》い隠《かく》そうとする悪縁《あくえん》、悪知識《あくちしき》と戦《たたか》うことは、自身《じしん》に内在《ないざい》する無明《むみょう》を打《う》ち破《やぶ》る戦《たたか》いでもあります。

大聖人は「開目抄《かいもくしょう》」で御自身《ごじしん》の闘争《とうそう》を力強《ちからづよ》く仰《おお》せです。

「今《いま》、日蓮、強盛《ごうじょう》に国土《こくど》の謗法《ほうぼう》を責《せ》むればこの大難《だいなん》の来《きた》るは、過去《かこ》の重罪《じゅうざい》の今生《こんじょう》の護法《ごほう》に招《まね》き出《い》だせるなるべし」(新115ジ・全233ジ)

ここに日蓮仏法の宿命転換《しゅくめいてんかん》の大道《だいどう》があります。強盛《ごうじょう》に国中《くにじゅう》の謗法《ほうぼう》を責《せ》めたがゆえに、大難《だいなん》が競《きそ》い起《お》こった。それは過去《かこ》の重罪《じゅうざい》が現《あらわ》れたことにほかならないのだから、今《いま》それを消《け》し果《は》てることで苦悩《くのう》の生死流転《しょうじるてん》を脱却《だっきゃく》することができる、という結論《けつろん》です。

あえて謗法《ほうぼう》を「責《せ》めいだす」という強《つよ》い戦《たたか》いこそが、宿命転換《しゅくめいてんかん》の直道《じきどう》です。そのためには「勇気《ゆうき》」が必要《ひつよう》です。反対《はんたい》に、臆病《おくびょう》に囚《とら》われた弱《よわ》い戦《たたか》いでは、生《しょう》死《じ》の苦悩《くのう》を転換《てんかん》することはできません。

苦しい時こそ人間革命できる。この大確信《だいかくしん》に生きぬくのが信心

◇

日蓮仏法の透徹《とうてつ》した実践《じっせん》は、私たちの人生《じんせい》における苦難《くなん》の意味《いみ》を一変《いっぺん》させます。

もはや、苦難《くなん》は避《さ》けて通《とお》るべきマイナス要因《よういん》ではなく、それに打《う》ち勝《か》つことで自分自身《じぶんじしん》の成仏《じょうぶつ》へと向《む》かっていく積極的《せっきょくてき》な要素《ようそ》となるのです。もちろん、苦難《くなん》の渦中《かちゅう》にいる人にとってみれば、苦難《くなん》と戦《たたか》うことは楽《らく》なことではありません。つらいこと、苦《くる》しいことを待《ま》ち望《のぞ》んでいる人などはいません。なければないほうがいいと考《かんが》えるのが人情《にんじょう》です。

しかし、たとえ現実《げんじつ》に苦難《くなん》に直面《ちょくめん》したとしても、大転換《だいてんかん》の秘法《ひほう》を知《し》って、「悪《あく》と戦《たたか》ったからこそ、今《いま》、自分《じぶん》は苦難《くなん》にあっている」と理解《りかい》し、「この苦難《くなん》を乗《の》り越《こ》えた先《さき》には、大《おお》

いなる成仏《じょうぶつ》の境涯《きょうがい》が開《ひら》かれている」と確信《かくしん》していく人は、根本的《こんぽんてき》に強《つよ》い人生《じんせい》を生《い》きぬくことができる。

この究極《きゅうきょく》の仏法の真実《しんじつ》を、生命《せいめい》の奥底《おうてい》で体得《たいとく》しているのが、わが創価学会の同志《どうし》であると確信《かくしん》します。

その証《あか》しに、わが同志《どうし》は、苦難《くなん》に直面《ちょくめん》した時《とき》に「強《つよ》い」。そして何《なに》より「明《あか》るい」。それは、宿命転換《しゅくめいてんかん》という生命《せいめい》の根源《こんげん》の善《ぜん》のリズムを、すでに体験的《たいけんてき》に知《し》っているからです。また、自分《じぶん》は経験《けいけん》していなくても、会得《えとく》した他の同志《どうし》の姿《すがた》に日常的《にちじょうてき》に接《せっ》しているからです。

宿命《しゅくめい》と戦《たたか》いながら広宣流布の信心に立《た》つ人の姿《すがた》には、すでに願兼於業《がんけんおごう》という仏法の究極《きゅうきょく》の真実《しんじつ》が映《うつ》し出《だ》されています。どんな苦難《くなん》も恐《おそ》れない。どんな困難《こんなん》も嘆《なげ》かない。雄々《おお》しく立《た》ち向《む》かっていく。この師子王《ししおう》の心《こころ》を取《と》り出《い》だして、「宿命《しゅくめい》」を「使命《しめい》」に変《か》え、偉大《いだい》なる人間革命の勝利《しょうり》の劇《げき》を演《えん》じているのが、わが久遠《くおん》の同志《どうし》の大境涯《だいきょうがい》といえます。

したがって、仏法者にとっての敗北《はいぼく》とは、苦難《くなん》が起《お》こることではなく、その苦難《くなん》と戦《たたか》わないことです。戦《たたか》わないで逃《に》げたとき、苦難《くなん》は本当《ほんとう》に宿命《しゅくめい》になってしまう。

生《せい》ある限《かぎ》り戦《たたか》い続《つづ》ける。生《い》きて生《い》きて生《い》きぬいて、戦《たたか》って戦《たたか》って戦《たたか》いぬいていく。この人生《じんせい》の真髄《しんずい》を教《おし》える大聖人の宿命転換《しゅくめいてんかん》の哲学《てつがく》は、従来《じゅうらい》の宗教《しゅうきょう》の苦難《くなん》に対《たい》するとらえ方《かた》を一変《いっぺん》する、偉大《いだい》なる宗教革命《しゅうきょうかくめい》でもあるのです。

〝大変《たいへん》な時《とき》ほど宿命転換《しゅくめいてんかん》ができる〟〝苦《くる》しい時《とき》こそ人間革命ができる〟〝いかなる苦難《くなん》があろうと必《かなら》ず最後《さいご》は転換《てんかん》できる〟――この大確信《だいかくしん》に生《い》きぬいていくのが、日蓮仏法の信心であります。そして、日蓮大聖人に直結《ちょっけつ》して、この宿命《しゅくめい》転換《てんかん》の道《みち》を現実《げんじつ》に歩《あゆ》み、宗教《しゅうきょう》革命の大道《だいどう》を世界《せかい》に開《ひら》いているのが、わが創価学会であります。この誇《ほこ》りと喜《よろこ》びをもって、さらに前進《ぜんしん》していきましょう。

他者と共に生きる

人の振《ふ》る舞《ま》い――「人を敬《うやま》う」実践《じっせん》

日蓮大聖人は「不軽菩薩《ふきょうぼさつ》の人《ひと》を敬《うやま》いしは、いかなることぞ。教主釈尊《きょうしゅしゃくそん》の出世《しゅっせ》の本懐《ほんかい》は人《ひと》の振《ふ》る舞《ま》いにて候《そうら》いけるぞ」（新1597ページ・全1174ページ）と仰《おお》せです。

不軽菩薩《ふきょうぼさつ》が人を敬《うやま》う実践《じっせん》を貫《つらぬ》いたのは、なぜか。それは、教主釈尊《きょうしゅしゃくそん》の出世《しゅっせ》の本懐《ほんかい》が「人の振《ふ》る舞《ま》い」にあるからだ、との仰《おお》せです。

言《い》い換《か》えれば、「人の振《ふ》る舞《ま》い」を離《はな》れて仏法は存在《そんざい》しないということです。

✼✧✼……✼✧✼……✼✧✼……✼✧✼……✼✧✼

大聖人御自身《ごじしん》、直接《ちょくせつ》は会《あ》ったことのない門下《もんか》も含《ふく》めて、一人一人を抱《だ》きかかえるように大切《たいせつ》にされ、全身全霊《ぜんしんぜんれい》で励《はげ》まされ、真心《まごころ》からのお手紙《てがみ》を送《おく》られてい

仏法と言っても究極《きゅうきょく》は「人格《じんかく》」です
立派な「人格」をつくるための仏法です

ます。

一方《いっぽう》で末法《まっぽう》の全民衆《ぜんみんしゅう》を救《すく》いゆくため、人々を不幸《ふこう》へと陥《おとしい》れる邪悪《じゃあく》の思想《しそう》や勢力《せいりょく》に対《たい》しては毅然《きぜん》と戦《たたか》われたのです。民衆《みんしゅう》の一人一人を温《あたた》かく包容《ほうよう》し、かつ権力《けんりょく》には厳然《げんぜん》と呵責《かしゃく》をする。いずれも慈悲《じひ》が根幹《こんかん》にあるからです。まさに、いついかなる時《とき》も、「人を敬《うやま》う振《ふ》る舞《ま》い」に徹《てっ》し抜《ぬ》かれた御生《ごしょう》涯《がい》でありました。

✻✧✻┈┈┈┈✻✧✻┈┈┈┈✻✧✻┈┈┈┈✻✧✻

仏法と言《い》っても、究極《きゅうきょく》は「人格《じんかく》」です。立派《りっぱ》な「人格《じんかく》」をつくるための仏法です。

立派《りっぱ》な人格《じんかく》の人は、謙虚《けんきょ》です。そして焼《や》きもちを焼《や》かない。自分《じぶん》のことではなくて、皆《みな》の幸福《こうふく》を考《かんが》えている。私どもで言《い》えば、広宣流布のことを考《かんが》えている。だから「公平《こうへい》」です。だから「慈《じ》愛《あい》」がある。慈愛《じあい》があるから「智慧《ちえ》」もわく。

◇

現代《げんだい》は、「人に尽《つ》くす」ことが、何《なに》か「損《そん》」のような風潮《ふうちょう》がある。「慈愛《じあい》」などというと、冷笑《れいしょう》されるような雰囲気《ふんいき》もあるが、そういう傲慢《ごうまん》が、どれほど社会《しゃかい》を不幸《ふこう》にしているか、計《はか》り知《し》れない。

（マハトマ・）ガンジーに、ある時《とき》、アメリカ人宣教師《せんきょうし》が聞《き》いたという。「あなたの宗教《しゅうきょう》とは何《なん》ですか、インドの未来《みらい》の宗教《しゅうきょう》はどのような形《かたち》をとるのでしょうか」

宗教論議《しゅうきょうろんぎ》をもちかけられたガンジーは、何《なん》と答《こた》えたか。ちょうど、その部屋《へや》に二人の病人《びょうにん》が休《やす》んでいた。ガンジーは二人を指《ゆび》さして、こう答《こた》えた。「奉仕《ほうし》すること、仕《つか》えることがわたしの宗教《しゅうきょう》です。未来《みらい》のことなど慮《おもんぱか》っていません」

ガンジーにとって、政治《せいじ》もまた「奉仕《ほうし》」であり、タゴールの言《い》うように「最《もっと》も貧《まず》しい人」たちに仕《つか》えることだというのです。（森本達雄『ガンディーとタゴール』第三文明社。引用・参照）

行動《こうどう》です。「菩薩行《ぼさつぎょう》」にしか宗教《しゅうきょう》はない。仏法はない。本来《ほんらい》の政治《せいじ》も、教育《きょういく》もない。

◇

人を救《すく》うことによって、自分《じぶん》も救《すく》われる。これは心理学《しんりがく》のうえからも言《い》われています。癒《い》やしがたい心《こころ》の傷《きず》や苦《くる》しみを担《にな》って、「生《い》きる力《ちから》」をなくしてしまった人が、どうやって立《た》ち直《なお》るか。いくら自分《じぶん》の苦《くる》しみを見《み》つめても、ますます落《お》ち込《こ》んでしまうケースが余《あま》りにも多《おお》い。それと反対《はんたい》に、同《おな》じような苦《くる》しみを味《あじ》わっている人のもとへ行《い》き、その人を助《たす》けることによって、自分《じぶん》も「生《い》きる力《ちから》」を回復《かいふく》するというのです。他者《たしゃ》への「思《おも》いやり」の行動《こうどう》が、自分《じぶん》を

「癒《い》やす」のです。

✲✧✲……✲✧✲……✲✧✲……✲✧✲……✲✧✲

日蓮大聖人は「御義口伝《おんぎくでん》」で、「鏡《かがみ》に向《む》かって礼拝《らいはい》をなす時《とき》、浮《う》かべる影《かげ》また我《われ》を礼拝《らいはい》するなり」(新1071ページ・全769ページ)——鏡《かがみ》に向《む》かって礼拝《らいはい》する時《とき》、鏡《かがみ》に映《うつ》った姿《すがた》もまた自分《じぶん》を礼拝《らいはい》するのである——と仰《おお》せである。

相手《あいて》の生命《せいめい》の「仏性《ぶっしょう》」を信《しん》じて、心《こころ》から尊敬《そんけい》し、大切《たいせつ》にしていく。そのときに、相手《あいて》の仏性《ぶっしょう》も、根底的《こんていてき》には、こちらを礼拝《らいはい》し返《かえ》している。広《ひろ》げていえば、自分《じぶん》が誠実《せいじつ》そのものの心《こころ》で人に接《せっ》していくとき、多《おお》くの場合《ばあい》、相手《あいて》もまた、こちらの人格《じんかく》を尊重《そんちょう》するようになっていく。祈《いの》りが根本《こんぽん》にあれば、なおのことである。

✲✧✲……✲✧✲……✲✧✲……✲✧✲……✲✧✲

「自他《じた》の仏性《ぶっしょう》を信《しん》ずる」という信念《しんねん》に立《た》って、「人を敬《うやま》う」行動《こうどう》を貫《つらぬ》き、仏法を弘《ひろ》めてきたのが創価学会です。

社会《しゃかい》がひずみ、人間が疎外《そがい》される今《いま》の時代《じだい》は、ますます「人間性」が問《と》われる時代《じだい》です。ますます、私たちの「人を敬《うやま》う」実践《じっせん》の必要性《ひつようせい》が増《ま》してくる。そして、「自他《じた》の仏性《ぶっしょう》を信《しん》ずる人の振《ふ》る舞《ま》い」は、必《かなら》ずや大《おお》きく光《ひかり》を放《はな》っていくことでしょう。

私たちの活動《かつどう》は、すべて、相手《あいて》の生命《せいめい》にある仏性《ぶっしょう》を信《しん》じるところから始《はじ》まっている。といっても、特別《とくべつ》なことではありません。ともに仏性《ぶっしょう》を開《ひら》いて必《かなら》ず成《せい》長《ちょう》しよう、必《かなら》ず幸福《こうふく》になろう、との信念《しんねん》と努力《どりょく》があれば、ありのままの人間でいいのです。いかなる時《とき》も、人間の仏性《ぶっしょう》を信《しん》じて祈《いの》っていく。その境涯《きょうがい》に立《た》って振《ふ》る舞《ま》っていくことが、仏法者の「人間性」の証《あか》しです。

その偉大《いだい》な足跡《そくせき》を、国境《こっきょう》を超《こ》え、民族《みんぞく》を超《こ》えて残《のこ》してきたのが学会員です。

今《いま》や、世界中《せかいじゅう》で、「人の振《ふ》る舞《ま》い」に徹《てっ》しているメンバーが周囲《しゅうい》や社会《しゃかい》から高《たか》く称賛《しょうさん》される時代《じだい》になりました。

人の善性《ぜんせい》をどこまでも信《しん》じ、開発《かいはつ》し合《あ》っていく生《い》き方《かた》にこそ、仏法が説《と》く「人間性」の開花《かいか》がある。それを大聖人は「人の振《ふ》る舞《ま》い」と言《い》われたのです。

地涌《じゆ》の義《ぎ》——尊極《そんごく》の生命《せいめい》を呼《よ》び覚《さ》ます

「日蓮一人《にちれんいちにん》はじめは南無妙法蓮華経と唱《とな》えしが、二人《ににん》・三人《さんにん》・百人《ひゃくにん》と次第《しだい》に唱《とな》えつたう伝るなり。未来《みらい》もまたしかるべし。これ、あに地涌《じゆ》の義《ぎ》にあらずや」（新1791ページ・全1360ページ）

地涌《じゆ》の菩薩《ぼさつ》は、法華経涌出品《ゆじゅっぽん》で、大地《だいち》から躍《おど》り出《で》た菩薩《ぼさつ》です。光《ひか》り輝《かがや》く無《む》量無数《りょうむすう》の地涌《じゆ》の菩薩《ぼさつ》たちは、さらに無数《むすう》の眷属《けんぞく》を率《ひき》いて大地《だいち》の底《そこ》から出現《しゅつげん》しました。

広宣流布が拡大《かくだい》すればするほど、地涌《じゆ》の陣列《じんれつ》はますます広《ひろ》がっていきます。尽《つ》きることは断《だん》じてありません。

＊✧＊……＊✧＊……＊✧＊……＊✧＊……＊✧＊

「地涌《じゆ》の義《ぎ》」を、私たちの実践的《じっせんてき》な面《めん》から拝《はい》したい。

まず第一《だいいち》に、「日蓮一人《にちれんいちにん》」から開始《かいし》なされた大闘争《だいとうそう》に、報恩《ほうおん》の一念《いちねん》で続《つづ》きゆく弟子《でし》の決心《けっしん》が肝要《かんよう》となります。

いかなる分野《ぶんや》でも、師匠《ししょう》ありてこそ、人間の成長《せいちょう》の道《みち》が開《ひら》かれる。なかんずく、仏法は、三世永遠《さんぜえいえん》にわたって生命《せいめい》の闇《やみ》を照《て》らす根本《こんぽん》の法《ほう》です。この根本法《こんぽんほう》を説《と》き明《あ》かされた大聖人こそ、人類《じんるい》の大師匠《だいししょう》であられます。この師匠《ししょう》の大恩《だいおん》を感《かん》じ、その大恩《だいおん》に報《むく》いゆく戦《たたか》いを、自《みずか》らも「一人」から開始《かいし》する。これが真正《しんせい》の弟子《でし》であります。

御本仏《ごほんぶつ》の未来記《みらいき》に呼応《こおう》し、20世紀《せいき》の日本に出現《しゅつげん》したのが、初代会長・牧口常三郎先生、第2代会長・戸田城聖先生の師弟《してい》でありました。そして、仏勅《ぶっちょく》の和合僧団《ごうそうだん》・創価学会であります。

「日蓮一人」から開始した大闘争《だいとうそう》に報恩《ほうおん》の一念で続く弟子たれ

「一人立《た》つ」地涌《じゆ》の闘争《とうそう》を貫《つらぬ》かれた両《りょう》先生への報恩感謝《ほうおんかんしゃ》を、私たちは決《けっ》して忘《わす》れてはならない。永遠《えいえん》に失《うしな》ってはならない。

師匠《ししょう》への報恩《ほうおん》の心《こころ》で一人立《た》つ。これが「地涌《じゆ》の義《ぎ》」の第《だい》一《いち》であります。

第二《だいに》に、「地涌《じゆ》の義《ぎ》」とは、一人から二人、三人、百人と、尊極《そんごく》の仏菩薩《ぶつぼさつ》の大生命《だいせいめい》を、次々《つぎつぎ》に呼《よ》び覚《さ》ましていく戦《たたか》いであります。

我《われ》と我《わ》が友《とも》の胸中《きょうちゅう》に、地涌《じゆ》の大生命《だいせいめい》よ、湧《わ》き上《あ》がれ。この一念《いちねん》で、あらゆる人々と出会《であ》い、語《かた》らい、心《こころ》を結《むす》んでいくのです。

真剣《しんけん》な祈《いの》り、そして勇気《ゆうき》の対話《たいわ》こそ、万人《ばんにん》の胸中《きょうちゅう》から、地涌《じゆ》の生命《せいめい》を引《ひ》き出《だ》す要諦《ようてい》です。そのためには、朗々《ろうろう》と題目を唱《とな》えて、わが胸中《きょうちゅう》の地涌《じゆ》の大生命力《だいせいめいりょく》を奮《ふる》い起《お》こすことです。

地涌《じゆ》の大連帯《だいれんたい》も、一対一《いったいいち》の心《こころ》の結合《けつごう》から始《はじ》まる。これが「地涌《じゆ》の義《ぎ》」の大切《たいせつ》な側面《そくめん》です。

そして第三《だいさん》に、「未来《みらい》もまたしかるべし」――この地涌《じゆ》の人材《じんざい》の陸続《りくぞく》たる流《なが》れは、未来《みらい》も変《か》わらないと大聖人が断《だん》じておられる。広布に生《い》きる地涌《じゆ》の前進《ぜんしん》は、未来永遠《みらいえいえん》にわたって続《つづ》いていくとの大確信《だいかくしん》です。

涌出品《ゆじゅっぽん》、そして寿量品《じゅりょうほん》という経文《きょうもん》の流《なが》れに沿《そ》って拝《はい》すれば、師匠《ししょう》である仏《ほとけ》の本地《ほんじ》が明《あ》かされてからその次《つぎ》に、弟子《でし》である地涌《じゆ》の菩薩《ぼさつ》が出現《しゅつげん》したのではない。まず荘厳《そうごん》な弟子《でし》が出現《しゅつげん》することによって、師匠《ししょう》の永遠《えいえん》の生命《せいめい》が証明《しょうめい》されていったのです。

まさしく地涌《じゆ》の菩薩《ぼさつ》は、師《し》と共《とも》に、いな、師《し》に先《さき》んじて、久遠《くおん》の過去《かこ》から永《えい》劫《ごう》の未来《みらい》へと突《つ》き進《すす》む「師弟不二《していふに》」の勝利《しょうり》の魂《たましい》を明《あ》かしているのです。

私は90歳《さい》を前《まえ》にした心境《しんきょう》として、「不思議《ふしぎ》なる霊山一会《りょうぜんいちえ》の愛弟子《まなでし》たちと共《とも》に、末法万年尽未来際《まっぽうまんねんじんみらいさい》までの地涌《じゆ》の義《ぎ》を決定《けってい》づける」と決意《けつい》を綴《つづ》りました。

広宣流布は、未来永遠《みらいえいえん》にわたる師弟《してい》のロマンであり、三世《さんぜ》に通《つう》じる共戦《きょうせん》の物語《ものがたり》です。

どんな苦難《くなん》の嵐《あらし》が吹《ふ》こうが、どんな試練《しれん》の壁《かべ》が立《た》ちはだかろうが、法華経の経文《きょうもん》に照《て》らして、必《かなら》ず、周囲《しゅうい》に勇気《ゆうき》と励《はげ》ましの光《ひかり》を送《おく》る地涌《じゆ》の勇者《ゆうしゃ》たちが出現《しゅつげん》します。

あの国《くに》にも、この地《ち》にも、地涌《じゆ》の民衆《みんしゅう》が、生《い》き生《い》きと活躍《かつやく》すれば、幸福《こうふく》と平和《へいわ》への連帯《れんたい》を生《う》み出《だ》します。

まさしく、これが「地涌《じゆ》の義《ぎ》」です。そして、地涌《じゆ》の大陣列《だいじんれつ》が築《きず》かれれば、必《かなら》ず国土《こくど》の宿命《しゅくめい》は転換《てんかん》されていきます。

＊✧＊　＊✧＊　＊✧＊　＊✧＊　＊✧＊

人類《じんるい》は皆《みな》、本来《ほんらい》、地涌《じゆ》の生命《せいめい》を持《も》っています。その地涌《じゆ》の生命《せいめい》は、目覚《めざ》めた地涌《じゆ》の生命《せいめい》に触《ふ》れることで必《かなら》ず触発《しょくはつ》されるのです。

さあ、わが門下《もんか》の君《きみ》たちよ、貴女《あなた》たちよ、新鮮《しんせん》なる人間革命の舞台《ぶたい》へ、新《あたら》しい自分自身《じぶんじしん》の生命《せいめい》で生《い》き生《い》きと立《た》ち上《あ》がれ！

明日《あす》の世界《せかい》が待《ま》っている。未来の人類《じんるい》が、創価の地涌《じゆ》の大行進《だいこうしん》を待《ま》っている——。

君《きみ》のいるその場所《ばしょ》で——地球上《ちきゅうじょう》のあらゆる場所《ばしょ》で、広布に生《い》きるわが生命《せいめい》の「歓喜《かんき》の中《なか》の大歓喜《だいかんき》」の勝鬨《かちどき》を、誇《ほこ》り高《たか》く響《ひび》かせていこうではないか！

平和《へいわ》の人間世紀《せいき》へ！

✼✧✼┈┈┈✼✧✼┈┈┈✼✧✼┈┈┈✼✧✼┈┈┈✼✧✼

仏法は時《とき》によるべし――太陽《たいよう》の仏法の功徳《くどく》を世界《せかい》へ

創価学会は、尊貴《そんき》なる仏勅《ぶっちょく》の教団《きょうだん》である。そのすばらしさを、ありのままに随自意《ずいじい》で示《しめ》していけばよい。そうすれば自他《じた》ともに功徳《くどく》を受《う》ける。

◇

言《い》うまでもなく、随自意《ずいじい》を根本《こんぽん》としたうえで、時《とき》に応《おう》じて随他意《ずいたい》の行動《こうどう》が必《ひっ》要《よう》な場合《ばあい》もある。

大聖人も「四悉檀《ししつだん》をもって時《とき》に適《かな》うのみ」（新640ページ・全537ページ）と仰《おお》せである。（①世間《せけん》の願《ねが》いに従《したが》って法《ほう》を説《と》く「世界悉檀《せかいしつだん》」②相手《あいて》に応《おう》じて説《と》く「為人悉檀《いにんしつだん》」③相手《あいて》の悪《あく》を断《た》つ「対治悉檀《たいじしつだん》」④真理《しんり》をただちに説《と》く「第一義悉檀《だいいちぎしつだん》」の四《よっ》つの教法《きょうほう》。①②が

随他意《ずいたい》、③④が随自意《ずいじい》である）

社会《しゃかい》の変化《へんか》、特質《とくしつ》、伝統《でんとう》、人々の理解度《りかいど》に応《おう》じて、仏法が〝心《こころ》に入《はい》る〟よう、知恵《ちえ》を使《つか》っていくことは当然《とうぜん》である。その努力《どりょく》なくして広宣流布はない。

また、仏法の人間主義《しゅぎ》に基《もと》づき、あらゆる角度《かくど》で、平和《へいわ》・文化《ぶんか》・教育《きょういく》の次元《じげん》で、社会《しゃかい》に大《おお》きく貢献《こうけん》していくことは当然《とうぜん》である。その大運動《だいうんどう》の根本《こんぽん》となるのが、随自意《ずいじい》の実践《じっせん》であり、「人々を救《すく》おう」「絶対《ぜったい》に幸福《こうふく》にしよう」という慈悲《じひ》の行動《こうどう》なのである。

随自意《ずいじい》でいけば、当然《とうぜん》、反発《はんぱつ》もある。大聖人も、あらゆる迫害《はくがい》を一身《いっしん》に受《う》けられた。

随他意《ずいたい》であれば大難《だいなん》はなかった。あえて随自意《ずいじい》で進《すす》み、難《なん》と戦《たたか》い、難《なん》を乗《の》り越《こ》えて仏《ほとけ》になっていくのが、大聖人の仏法なのである。

最初《さいしょ》は反発《はんぱつ》があっても、妙法を説《と》き聞《き》かせたことが因《いん》となって、反発《はんぱつ》した人も、将来《しょうらい》は必《かなら》ず成仏《じょうぶつ》できる。これを「毒鼓《どっく》の縁《えん》」という。仏法に無知《むち》な世間《せけん》に迎合《げいごう》し、見栄《みえ》を張《は》って、言《い》うべきことも言《い》わないようでは、毒鼓《どっく》の縁《えん》すら結《むす》べない。結局《けっきょく》、無慈悲《むじひ》なのである。一切《いっさい》の根本《こんぽん》は、随自意《ずいじい》で広布に進《すす》みゆく「勇気《ゆうき》」である。

✲✧✲……✲✧✲……✲✧✲……✲✧✲……✲✧✲

現代《げんだい》にあって、大聖人直結《ちょっけつ》の「師弟共戦《していきょうせん》」の信心は、創価学会の中《なか》にしかありません。牧口先生、戸田先生が教《おし》えてくださったのです。私も、ひたぶるに実践《じっせん》してきました。

入信以来《にゅうしんいらい》、私は、師匠《ししょう》と共《とも》に、広宣流布の人生《じんせい》を生《い》き抜《ぬ》く覚悟《かくご》を貫《つらぬ》き通《とお》してきました。

恩師《おんし》の事業《じぎょう》が危機《きき》に瀕《ひん》する中《なか》、多《おお》くの弟子《でし》たちの心《こころ》が揺《ゆ》れ動《うご》き、師《し》を裏切《うらぎ》り、師《し》から離《はな》れていった時《とき》もありました。しかし、私は戸田先生が自分《じぶん》の師匠《ししょう》だ、広宣流布の師匠《ししょう》だと心《こころ》に定《さだ》め、一心不乱《いっしんふらん》に戦《たたか》い抜《ぬ》きました。

そのころ、私はこう詠《よ》んで、戸田先生にお届《とど》けしました。

「古《いにしえ》の　奇《く》しき縁《えにし》に　仕《つか》へしを
　人は変《かわ》れど　われは変《かわ》らじ」

私たち創価の師弟《してい》の絆《きずな》は、この苦悩《くのう》の充満《じゅうまん》した娑婆世界《しゃばせかい》で、広宣流布の大《だい》ロマンに生《い》き抜《ぬ》く誓願《せいがん》にあります。

悩《なや》めるあの友《とも》に、苦《くる》しむこの友《とも》にと、勇気《ゆうき》と慈悲《じひ》の対話《たいわ》で「信心の御本尊」を流布《るふ》してきたのが、創価の民衆《みんしゅう》スクラムです。

日本中《にほんじゅう》、世界中《せかいじゅう》のあの地《ち》この地《ち》で、妙法の御本尊を信受《しんじゅ》して、わが地涌《じゆ》の同《どう》志《し》は、宿命《しゅくめい》の嵐《あらし》を乗《の》り越《こ》え、自他共《じたとも》の幸福《こうふく》と勝利《しょうり》の旗《はた》を高《たか》らかに掲《かか》げて前進《ぜんしん》しています。

創価学会には、地涌《じゆ》の自覚《じかく》と誇《ほこ》りがあります。民衆勝利《みんしゅうしょうり》の凱歌《がいか》を、末法《まっぽう》のすべての人に享受《きょうじゅ》させたい。この地涌《じゆ》の使命《しめい》に立《た》ち上《あ》がったのが、わが誉《ほま》れの学

「時にあい、時にかなうことは生まれてきたかいのあるものだ」

会員です。まさに真《しん》の仏弟子《ぶつでし》であり、尊《とうと》い仏《ほとけ》の使《つか》いです。

「時《とき》にあい、時《とき》にめぐりあって、その時《とき》にかなうということは、生《う》まれてきたかいのあるものであります」と、恩師《おんし》は教《おし》えてくださいました。

今《いま》、「大法弘通慈折広宣流布《だいほうぐつうじしゃくこうせんるふ》」の旗《はた》が世界《せかい》に林立《りんりつ》する時代《じだい》が到来《とうらい》しました。この潮流《ちょうりゅう》は、もはや誰人《たれびと》も止《と》めることはできません。

壮大《そうだい》なる人間勝利《しょうり》の大行進《だいこうしん》を、いよいよ足取《あしど》り軽《かる》く、威《い》風堂々《ふうどうどう》と広《ひろ》げ、わが「地涌《じゆ》の尊《とうと》き使命《しめい》」を果《は》たし抜《ぬ》いていこうではありませんか。

✲✧✲ ✲✧✲ ✲✧✲ ✲✧✲

深夜《しんや》にきらめく満天《まんてん》の星明《ほしあ》かりも、ひとたび、太陽《たいよう》が昇《のぼ》ればかき消《け》されてしまう。それと同様《どうよう》に、末法《まっぽう》の大法《だいほう》が赫々《かっかく》と昇《のぼ》れば、正法《しょうほう》・像法時代《ぞうほうじだい》の教《おし》えは消《き》え失《う》せる。

「この大法《だいほう》のみ一閻浮提《いちえんぶだい》に流布《るふ》す」（新２０１４ジペー・全１４８９ジペー）――これが日蓮大聖人の御確信《ごかくしん》です。

そして、この一閻浮提流布《いちえんぶだいるふ》を現実《げんじつ》のものとしたのが創価学会です。今《いま》は、太陽《たいよう》の仏法が、まさに中天《ちゅうてん》に昇《のぼ》ろうとしているのではないだろうか。世界中《せかいじゅう》で、日蓮仏法の功徳《くどく》の陽光《ようこう》が燦々《さんさん》と降《ふ》り注《そそ》いでいる。世界《せかい》のどこに行《い》っても、日蓮仏法を実践《じっせん》している人がいる。「一閻浮提《いちえんぶだい》広宣流布」の大《おお》きなチャンスが来《き》たのです。

この時《とき》を逃《のが》してはならない。今《いま》こそ、全世界《ぜんせかい》の人たちが、仏法の慈光《じこう》を思《おも》う存分浴《ぞんぶんあ》びて、功徳《くどく》の大輪《たいりん》を爛漫《らんまん》と咲《さ》かせてほしい。

なんの遠慮《えんりょ》もいらなければ、何《なに》も妨《さまた》げるものはない。

自分《じぶん》が幸福《こうふく》になるための御本尊です。万人《ばんにん》を幸福《こうふく》にするための御本尊です。

日蓮大聖人が遺《のこ》された太陽《たいよう》の仏法の功徳《くどく》を、全世界《ぜんせかい》の人々が満喫《まんきつ》していくために戦《たたか》うのが、創価学会の使命《しめい》です。一人一人の会員《かいいん》が、御本仏の尊《とうと》き使《つか》いであり、御本尊の使《つか》いです。

破《は》邪《じゃ》顕《けん》正《せい》――言《げん》論《ろん》で、悪《あく》の〝根《ね》を断《た》つ〟

日蓮仏法は、古代《こだい》以来《いらい》の日本の宗教《しゅうきょう》土壌《どじょう》を、根底《こんてい》から変革《へんかく》しゆく正義《せいぎ》の大法《だいほう》です。

大聖人は安国論《あんこくろん》に仰《おお》せです。

――仏閣《ぶっかく》は甍《いらか》を連《つら》ね、経蔵《きょうぞう》は軒《のき》を並《なら》べている。僧《そう》も大勢《おおぜい》いて、民衆《みんしゅう》も敬《うやま》っているようにみえる。しかし、法師《ほっし》たちは心《こころ》がひねくれて人々の心《こころ》を惑《まど》わせている。王臣《おうしん》たちは無知《むち》のため、邪正《じゃしょう》を弁《わきま》えない（新29ページ・全20ページ、趣意）と。

いくら外見上《がいけんじょう》は隆盛《りゅうせい》を誇《ほこ》っているようでも、幸福《こうふく》へ、繁栄《はんえい》へ、平和《へいわ》へとリードしゆく正《ただ》しい教《おし》えが広《ひろ》まっていかなければ価値《かち》を生《う》まない。問《と》われるべきは、内実《ないじつ》の哲学《てつがく》であります。

どんなに物質的《ぶっしつてき》に恵《めぐ》まれ、科学技術《かがくぎじゅつ》が進歩《しんぽ》しても、時代《じだい》の底流《ていりゅう》にある哲学《てつがく》が浅《あさ》く、誤《あやま》っていれば、民衆《みんしゅう》の人生観《じんせいかん》や生命観《せいめいかん》、ひいては政治《せいじ》・経済《けいざい》・文化《ぶんか》・教育《きょういく》など、すべてのとらえ方《かた》が狂《くる》う。やがて社会全体《しゃかいぜんたい》が行き詰《づ》まってしまうのは必然《ひつぜん》でしょう。

大聖人は、仏眼《ぶつげん》・法眼《ほうげん》をもって、こうした大《おお》きな時代《じだい》のダイナミズムを見《み》つめておられた。そして、時《とき》の最高権力者《さいこうけんりょくしゃ》に仏法の正義《せいぎ》を威風堂々《いふうどうどう》と師子吼《ししく》なされました。

正《せい》は正《せい》！　邪《じゃ》は邪《じゃ》！
善《ぜん》は善《ぜん》！　悪《あく》は悪《あく》！

こう明快《めいかい》に言《い》い切《き》るのが、真《しん》の仏法者です。「破邪《はじゃ》」なくして「顕正《けんせい》」はありません。

正邪《せいじゃ》を疎《おろそ》かにし、権勢《けんせい》に媚《こ》びて利養《りよう》を貪《むさぼ》る偽善《ぎぜん》の聖職者《せいしょくしゃ》。そして宗教《しゅうきょう》を民衆《みんしゅう》支配《しはい》の道具《どうぐ》としていた為政者《いせいしゃ》。この魔性《ましょう》に対《たい》し、大聖人は真《ま》っ向《こう》から挑《いど》まれたのです。

✻✧✻　　✻✧✻　　✻✧✻　　✻✧✻　　✻✧✻

「言《い》うべきことを言《い》わないで、後《のち》に後悔《こうかい》する卑怯者《ひきょうもの》になってはいけない」と牧口先生は厳《きび》しかった。

とくに、責任《せきにん》ある立場《たちば》の人間が言《い》わなければ、いちばん卑怯《ひきょう》だ。悪《あく》の存在《そんざい》になってしまう。自身《じしん》にとっても大損《おおぞん》である。最後《さいご》は、何《なに》も言《い》えないような人間になり、必《かなら》ず後悔《こうかい》の人生《じんせい》となる。

勇気《ゆうき》ある言論《げんろん》の闘争《とうそう》で勝《か》つのだ。

声《こえ》が仏《ほとけ》の仕事《しごと》をする。声《こえ》が広宣流布を進《すす》める。声《こえ》が破邪顕正《はじゃけんせい》の宝剣《ほうけん》となるのである。

牧口先生は訴《うった》えた。

「大善《だいぜん》をするだけの度胸《どきょう》もない小善者《しょうぜんもの》は、大《たい》した頼《たの》みにはならぬ」

「大敵《たいてき》が現《あらわ》れた場合《ばあい》にはもう役《やく》に立《た》たず、そしてお互《たが》いの信用《しんよう》はなくなってしまう」

大善《だいぜん》のためには勇気《ゆうき》をもって行動《こうどう》する。その強《つよ》さがなければならない。

＊✧＊……＊✧＊……＊✧＊……＊✧＊……＊✧＊

悪《あく》を糾《ただ》し、正義《せいぎ》を打《う》ち立《た》てるのは、相手《あいて》のためでもある。

大事《だいじ》なのは悪《あく》の〝根《ね》を断《た》つ〟ことだ。破邪顕正《はじゃけんせい》の言論《げんろん》で、一凶《いっきょう》を禁《きん》じなければならない。

根本《こんぽん》は祈《いの》りである。あらゆる邪悪《じゃあく》を、唱題の利剣《りけん》で打《う》ち破《やぶ》っていくのである。

戸田先生の邪悪《じゃあく》に対《たい》する怒《いか》りは、すさまじかった。巌窟王《がんくつおう》のごとき不屈《ふくつ》の信《しん》念《ねん》は、右《みぎ》に出《で》る人はいなかった。ここに創価の魂《たましい》がある。

青年ならば、民衆《みんしゅう》を苦《くる》しめる邪悪《じゃあく》と断固《だんこ》、戦《たたか》うことだ。戦《たたか》って強《つよ》くなることだ。自分《じぶん》が強《つよ》くなるために、敵《てき》がいるのだ。

悪《あく》は放置《ほうち》すれば増長《ぞうちょう》する。皆《みな》、だまされてしまう。悪人《あくにん》と戦《たたか》わなければ、学会が破壊《はかい》されてしまうのだ。

「破邪顕正《はじゃけんせい》」といっても、あくまで「破邪《はじゃ》」が先《さき》である。まず悪《あく》と戦《たたか》い、悪《あく》を打《う》ち破《やぶ》るのだ。

それでこそ「顕正《けんせい》」がある。悪《あく》を倒《たお》してこそ、初《はじ》めて正義《せいぎ》を明《あき》らかにし、宣《せん》揚《よう》することができるのである。

アメリカの世界的法学者《せかいてきほうがくしゃ》ナンダ博士（世界法律学者協会名誉会長、デンバー大学元副学長）は、次《つぎ》のように論《ろん》じておられた。（ボストン21世紀センター〈現・池田国際対話センター〉代表のインタビューに答えて）

立ち上がるのだ。真実《しんじつ》の弟子ならば！
叫《さけ》び切《き》るのだ。師の正義と偉大《いだい》さを！

「（悪《あく》を放置《ほうち》すれば）『悪《あく》』は生《い》きながらえてしまいます」「ゆえに『悪《あく》』に対《たい》しては、どこが間違《まちが》っているかを、声《こえ》を大《だい》にして叫《さけ》ばなければなりません。『それは真実《しんじつ》ではない！』と明快《めいかい》に言《い》い切《き》らなければならないのです」

だからこそ、博士は、「破邪顕正《はじゃけんせい》」の創価の言論戦《げんろんせん》を最《もっと》も強《つよ》く、最《もっと》も熱《あつ》く支持《しじ》してくださっているのである。

学会がここまで伸《の》びた原動力《げんどうりょく》は、何《なに》ものをも恐《おそ》れぬ「正《せい》義《ぎ》の言論《げんろん》」にあった。それを博士は鋭《するど》く見抜《みぬ》かれた。

民衆《みんしゅう》の真実《しんじつ》の声《こえ》が、薄《うす》らぐことがあってはならない。正《せい》義《ぎ》の声《こえ》の宝剣《ほうけん》を、もっと強《つよ》くしなければならない。

✻✧✻……✻✧✻……✻✧✻……✻✧✻

悪《あく》を正《ただ》し、打《う》ち破《やぶ》る「破邪《はじゃ》」があってこそ、初《はじ》めて正義《せいぎ》を明《あき》らかにできる。「顕正《けんせい》」となる。これが道理《どうり》である。

そして、その「破邪《はじゃ》」の先鋒《せんぽう》に立《た》つのは、どこまでも弟子《でし》の責任《せきにん》なのだ。

◇

師匠《ししょう》のために戦《たたか》い抜《ぬ》く。師匠《ししょう》を断《だん》じて守《まも》る。これが真実《しんじつ》の弟子《でし》である。

私は、戸田先生を侮辱《ぶじょく》する人間、中傷《ちゅうしょう》する人間は絶対《ぜったい》に許《ゆる》さなかった。

師匠《ししょう》が罵《ののし》られ、辱《はずかし》められても黙《だま》っている——それは最低《さいてい》の弟子《でし》だ。畜生《ちくしょう》のごとき、卑怯《ひきょう》な人間である。絶対《ぜったい》に信用《しんよう》などできない。

立《た》ち上《あ》がるのだ。真実《しんじつ》の弟子《でし》ならば！

叫《さけ》び切《き》るのだ。師《し》の正義《せいぎ》と偉大《いだい》さを！

そこにこそ、真実《しんじつ》の師弟《してい》の大道《だいどう》が輝《かがや》くのである。

一生成仏の法理

仏《ほとけ》の生命《せいめい》を開《ひら》く——一人も残《のこ》らず幸福《こうふく》に

大聖人は仰《おお》せである。

「法華経《ほけきょう》と申《もう》すは、手《て》に取《と》ればその手《て》やがて仏《ほとけ》に成《な》り、口《くち》に唱《とな》うればその口《くち》即《すなわ》ち仏《ほとけ》なり」（新1913ジペー・全1580ジペー）

皆《みな》さまが御本尊に手《て》を合《あ》わせて題目を唱《とな》えれば、その手《て》が仏《ほとけ》である。題目を唱《とな》え、弘教《ぐきょう》に励《はげ》めば、その口《くち》は仏《ほとけ》である。さらに、教学《きょうがく》を謙虚《けんきょ》に学《まな》び、感激《かんげき》して人《ひと》に教《おし》えていけば、頭《あたま》に仏《ほとけ》の力《ちから》が宿《やど》る。頭脳《ずのう》が明晰《めいせき》にもなっていく。

このように信心は即《そく》、わが身《み》のうえに、生活《せいかつ》のうえに、仕事《しごと》のうえに、厳然《げんぜん》と顕《あらわ》れていく。そして、今世《こんぜ》でただちに成仏《じょうぶつ》していけるのが大聖人の仏法なのである。

百人《ひゃくにん》いれば百人《ひゃくにん》、千人《せんにん》いれば千人《せんにん》、全員《ぜんいん》が残《のこ》らず成仏《じょうぶつ》できる——これが、御《ご》本仏《ほんぶつ》の絶対《ぜったい》の御約束《おやくそく》であられる。大聖人の仏法は、あらゆる人々に開《ひら》かれた「世界宗教《せかいしゅうきょう》」である。

「皆《みな》が共《とも》に成仏《じょうぶつ》」「皆《みな》が共《とも》に幸福《こうふく》」「皆《みな》が共《とも》に栄光《えいこう》」——こうした和楽《わらく》の世界《せかい》をつくるのが、仏法である。ゆえに世界平和《せかいへいわ》の根幹《こんかん》となる。

＊✧＊……＊✧＊……＊✧＊……＊✧＊……＊✧＊

今《いま》、戦《たたか》った分《ぶん》だけ、自分自身《じぶんじしん》が最高《さいこう》の福徳《ふくとく》を得《え》る。また、永遠《えいえん》に成仏《じょうぶつ》という最極《さいごく》の大境涯《だいきょうがい》を開《ひら》いていける。

今世《こんぜ》の戦《たたか》いによって、自分自身《じぶんじしん》が「仏《ほとけ》の寿命《じゅみょう》」「仏《ほとけ》の永遠《えいえん》の生命《せいめい》」を得《え》る。永遠《えいえん》に幸福《こうふく》になっていくのである。これが法華経の寿量品《じゅりょうほん》の心《こころ》である。

御書には、「たといいかなるわずら《煩》わしきことありとも、夢《ゆめ》になして、ただ法華経《ほけきょう》のことのみさばく《捌》らせ給《たも》うべし」（新1481ジペー・全1088ジペー）とある。

いかなる煩《わずら》わしいことがあっても、「深《ふか》く強《つよ》い信心」を貫《つらぬ》き通《とお》すことである。その具体的《ぐたいてき》な方途《ほうと》は、どこまでも広宣流布を中心《ちゅうしん》にした、「信行《しんぎょう》」の一念《いちねん》を定《さだ》めることである。

＊✧＊┈┈┈┈＊✧＊┈┈┈┈＊✧＊┈┈┈┈＊✧＊┈┈┈┈＊✧＊

広宣流布、立正安国《りっしょうあんこく》の大闘争《だいとうそう》は、そのまま一人一人が宿命転換《しゅくめいてんかん》を加速《かそく》し、一生成仏《いっしょうじょうぶつ》の大境涯《だいきょうがい》を開《ひら》く戦《たたか》いに他《ほか》ならない。

竜《たつ》の口《くち》の法難《ほうなん》、佐渡流罪《さどるざい》という大難《だいなん》の中《なか》で、勇気《ゆうき》ある信心を貫《つらぬ》き通《とお》してきた一人の鎌倉《かまくら》の女性門下《じょせいもんか》がいた。夫《おっと》に先立《さきだ》たれ、幼子《おさなご》たちを抱《かか》えて懸命《けんめい》に生《い》きる母《はは》であった。

大聖人は、亡《な》き功労《こうろう》の夫君《ふくん》のことも追善《ついぜん》されつつ、心《こころ》を尽《つ》くして一家《いっか》を励《はげ》まされた。そして仰《おお》せになられたのである。

「法華経《ほけきょう》を信《しん》ずる人《ひと》は冬《ふゆ》のごとし。冬《ふゆ》は必《かなら》ず春《はる》となる」（新1696ジペー・全12

５３ページ）

試練《しれん》の厳冬《げんとう》の中《なか》にある誰《だれ》もが、一人残《のこ》らず幸福勝利《こうふくしょうり》の大歓喜《だいかんき》の春《はる》を迎《むか》えられるように！――この御本仏《ごほんぶつ》の大慈大悲《だいじだいひ》が胸《むね》に迫《せま》ってならない。

戸田先生は、こうした御聖訓《ごせいくん》を通《とお》されながら、「大聖人が、功徳《くどく》の出《で》ない、境涯《きょうがい》の開《ひら》けない戦《たたか》いをさせるわけがないんだよ」と言《い》われていた。

御書には、一人にここまでも心《こころ》を配《くば》られるのかという、大誠実《だいせいじつ》の「人《ひと》の振《ふ》る舞《ま》い」が随所《ずいしょ》に示《しめ》されている。その究極《きゅうきょく》の人間主義《しゅぎ》を深《ふか》く学《まな》びながら、私たちも、一人一人を大切《たいせつ》にし、一人一人と仏縁《ぶつえん》を結《むす》んでいくのだ。

「御義口伝《おんぎくでん》」には、「日蓮《にちれん》に共《ぐう》する時《とき》は宝所《ほうしょ》に至《いた》るべし」（新１０２４ページ・全７３４ページ）ともお約束《やくそく》である。

我《われ》らは、どこまでも、大聖人と「共《とも》に」、広宣流布へ、立正安国《りっしょうあんこく》へ、仲良《なかよ》く賑《にぎ》やかに大行進《だいこうしん》していく。そして周囲《しゅうい》も、いな自分《じぶん》さえも、あっと驚《おどろ》くほどの実証《じっしょう》と功徳《くどく》を現《あらわ》していただきたい。そう私は祈《いの》り続《つづ》けている。

私たちが、今《いま》こうやって生《い》きているのは父母《ちちはは》のおかげである。この体《からだ》は、父母から授《さず》かったものである。自分自身《じぶんじしん》の成仏《じょうぶつ》は、父母の成仏《じょうぶつ》につながっていくのだ。

過去《かこ》がどうかではない。「今《いま》」で決《き》まる。先祖《せんぞ》がどうかではない。「自分《じぶん》」がどうかで決《き》まる。目覚《めざ》めた「一人」が、太陽《たいよう》となって、一家《いっか》、一族《いちぞく》を妙法の光《ひかり》で照《て》らしていけばよいのである。

「自身《じしん》が仏《ほとけ》に成《な》らなくては、父母さえ救《すく》うことはむずかしい。ましてや、他人《たにん》を救《すく》うことなどできない」（新2025ページ・全1429ページ、通解）との御聖訓《ごせいくん》を深《ふか》く銘記《めいき》したい。

信心に励《はげ》めば、必《かなら》ず「三障四魔《さんしょうしま》」が競《きそ》い起《お》こる。信心を妨《さまた》げようとする働《はたら》きが、さまざまな形《かたち》をとって現《あらわ》れてくる。

過去《かこ》ではない。「今」で決まる。「自分」がどうかで決まる

大聖人は、亡《な》き父《ちち》の後《あと》を継《つ》いで、広宣流布のために戦《たたか》う青年・南条時光《なんじょうときみつ》に、こう御手紙《おてがみ》で記《しる》されている。

「あなたが大事《だいじ》と思《おも》っている人たちが信心を制止《せいし》し、大《おお》きな難《なん》がくるであろう。そのときまさにこのこと（諸天《しょてん》の守護《しゅご》）がかなうに違《ちが》いない、と確信《かくしん》して、いよいよ強盛《ごうじょう》に信心に励《はげ》むべきである。そうであるならば亡《な》き父上《ちちうえ》の聖霊《しょうりょう》は成仏《じょうぶつ》されるであろう。成仏《じょうぶつ》されたならば、あなたのもとに来《こ》られて、守護《しゅご》されるであろう」（新1843ページ・全1512ページ、通解）

苦難《くなん》のときこそ、宿命転換《しゅくめいてんかん》と一生成仏《いっしょうじょうぶつ》のチャンスである。

それと同時《どうじ》に、父母の成仏《じょうぶつ》もかなっていく。ゆえに、この御文《ごもん》の後《あと》で大聖人は、〝他《た》の人《ひと》から信心を妨害《ぼうがい》しようとする動《うご》きがあったならば、むしろ喜《よろこ》んでいきなさい〟と教《おし》えられている。

求道《きゅうどう》の心《こころ》——常《つね》に新《あたら》しく、強《つよ》く、真剣《しんけん》に

人生《じんせい》も、仏法も、「求《もと》める心《こころ》」で決《き》まる。

私たちが勤行で毎日読誦《まいにちどくじゅ》している如来寿量品《にょらいじゅりょうほん》に、「一心欲見仏《いっしんよっけんぶつ》　不自惜身命《ふじしゃくしんみょう》」（一心《いっしん》に仏《ほとけ》を見《み》たてまつらんと欲《ほっ》して　自《みずか》ら身命《しんみょう》を惜《お》しまず）という経文《きょうもん》があります。

日蓮大聖人は、この「一心欲見仏《いっしんよっけんぶつ》」を「一心《いっしん》に仏《ほとけ》を見《み》る」、さらに「心《こころ》を一《いっ》にして仏《ほとけ》を見《み》る」、そして「一心《いっしん》を見《み》れば仏《ほとけ》なり」と、三重《さんじゅう》に読《よ》み直《なお》されています（新1197ジペー・全892ジペー）。

一心《いっしん》に仏《ほとけ》を求《もと》め抜《ぬ》いていく。心《こころ》を定《さだ》めて、広宣流布の大願《だいがん》のために戦《たたか》い抜《ぬ》いていく。その「不自惜身命《ふじしゃくしんみょう》」の心《こころ》こそ、実《じつ》は仏《ほとけ》そのものなのであると、示《しめ》して

くださっているのです。

私は今《いま》も、戸田先生を求《もと》め続《つづ》けています。毎日《まいにち》、心《こころ》で対話《たいわ》をしています。そして常《つね》に一緒《いっしょ》に、世界《せかい》広宣流布の指揮《しき》を厳然《げんぜん》と、また悠然《ゆうぜん》と執《と》っています。ゆえに、何《なに》も恐《おそ》れるものはありません。

創価学会は、大聖人の仰《おお》せ通《どお》り、恩師《おんし》の大願《だいがん》のままに築《きず》き上《あ》げてきた人間の大連帯《だいれんたい》です。

無名《むめい》の庶民《しょみん》の中《なか》に、どれほど偉大《いだい》な人物《じんぶつ》が光《ひか》っていることか。皆《みな》、悪口《わるくち》を言《い》われながら、わが身《み》を惜《お》しまず、友《とも》のため、地域《ちいき》のために尽《つ》くしてこられた。何《なん》の見返《みかえ》りも求《もと》めず、「広宣流布」「立正安国《りっしょうあんこく》」の理想《りそう》に向《む》かって行動《こうどう》し抜《ぬ》いておられる。

皆《みな》さん方《がた》の父母《ちちはは》、祖父母《そふぼ》たちこそ、法華経に説《と》かれる地涌《じゆ》の大菩薩《だいぼさつ》であり、最敬礼《さいけいれい》して仰《あお》ぐべき尊極《そんごく》の仏《ほとけ》なのです。

フランスの哲学者《てつがくしゃ》ルソーは綴《つづ》りました。

「わたしたちは、いわば、二回この世《よ》に生《う》まれる。一回目は存在《そんざい》するために、二回目は生《い》きるために」（今野一雄訳『エミール』岩波文庫）

悔《く》いなき最高《さいこう》の人生《じんせい》を生《い》き切《き》るために、青年は創価の人間群《にんげんぐん》を誇《ほこ》りとしながら、どこまでも自分《じぶん》らしく、強《つよ》く朗《ほが》らかに前進《ぜんしん》していっていただきたい。

インド独立《どくりつ》の父《ちち》マハトマ・ガンジーは「決《けっ》して希望《きぼう》を失《うしな》わない者《もの》のみが指導《しどう》者《しゃ》になることができる」と言《い》った。

愛《あい》する君《きみ》たちが、21世紀《せいき》の人類《じんるい》へ希望《きぼう》の光《ひかり》を贈《おく》りゆく、偉大《いだい》な人間指導者《しどうしゃ》に育《そだ》つことこそが、私の最大《さいだい》の希望《きぼう》なのです。

「一念《いちねん》に億劫《おくごう》の辛労《しんろう》を尽《つ》くせば、本来無作《ほんらいむさ》の三身念々《さんじんねんねん》に起《お》こるなり。いわゆる南無妙法蓮華経は精進行《しょうじんぎょう》なり」（新１０９９ページ・全７９０ページ）

法華経従地涌出品《じゅうじゆじゅっぽん》第15に、「昼夜《ちゅうや》に常《つね》に精進《しょうじん》するは　仏道《ぶつどう》を求《もと》めんが為《ため》の故《ゆえ》なり」(法華経466ジペー)との偈文《げもん》があります。

「この地涌《じゆ》の菩薩《ぼさつ》たちは、昼夜分《ちゅうやわ》かたず、常《つね》に精進《しょうじん》している。ひたすら仏道《ぶつどう》(仏《ほとけ》の覚《さと》り)を求《もと》め抜《ぬ》くためのゆえである」と、大地《だいち》から躍《おど》り出《で》てきた無数《むすう》の菩《ぼ》薩《さつ》たちの雄姿《ゆうし》を、師匠《ししょう》である釈尊が讃《たた》えた言葉《ことば》です。ここで拝《はい》する一節《いっせつ》は、この経文《きょうもん》を大聖人が釈《しゃく》された御義口伝《おんぎくでん》です。

いかなる苦難《くなん》の嵐《あらし》があろうが、妙法の信心に励《はげ》み抜《ぬ》くこと。

広宣流布の戦《たたか》いに徹《てっ》し抜《ぬ》くこと。

そして、最高《さいこう》に価値《かち》ある人生《じんせい》の真髄《しんずい》の道《みち》を歩《あゆ》み抜《ぬ》くこと。

そうすれば、わが胸中《きょうちゅう》に、必《かなら》ず偉大《いだい》にして自在《じざい》の仏《ほとけ》の生命《せいめい》が薫発《くんぱつ》されていくと約束《やくそく》されている御文《ごもん》です。

私がまだ入信《にゅうしん》まもない頃《ころ》、戸田先生から、「この御書だけは命《いのち》に刻《きざ》んでおきなさい。学会の闘士《とうし》になるためには、この御書は忘《わす》れてはならない」と、厳《げん》とした声《こえ》で教《おし》えていただいた御文《ごもん》でもあります。

難解《なんかい》な一節《いっせつ》です。しかし、師匠《ししょう》から「命《いのち》に刻《きざ》め」と教《おし》えられた御文《ごもん》である、何《なん》としても会得《えとく》したいと、私は深《ふか》く心《こころ》に期《き》しました。

戦後《せんご》の経済不況《けいざいふきょう》のため、事業《じぎょう》が破綻《はたん》して、最大《さいだい》の苦境《くきょう》にあった戸田先生を支《ささ》え抜《ぬ》いて戦《たたか》った厳冬《げんとう》の時代《じだい》も、あの不可能《ふかのう》を可能《かのう》にした「大阪の戦《たたか》い」の中《なか》でも、私はこの御文《ごもん》を命《いのち》から離《はな》さず真剣《しんけん》に拝《はい》し続《つづ》けました。

そして、「今《いま》この瞬間《しゅんかん》」を勝《か》ち切《き》るために祈《いの》り、「眼前《がんぜん》の壁《かべ》」を破《やぶ》るために走《はし》り抜《ぬ》きました。

その中《なか》で、滾々《こんこん》と「随縁真如《ずいえんしんにょ》の智《ち》」を湧《わ》き出《い》だしながら、一切《いっさい》の暗雲《あんうん》を突《つ》き抜《ぬ》け、厳然《げんぜん》と創価の勝利《しょうり》の旗《はた》を掲《かか》げてきたのです。

今《いま》、わが愛《あい》する世界《せかい》の青年たちに、この一節《いっせつ》を贈《おく》りたい。不二《ふに》の命《いのち》に刻《きざ》み、創価の闘士《とうし》の魂《たましい》を受《う》け継《つ》いでもらいたいからです。

◇

いかなる時も題目を忘《わす》れなければ
道を求める心は勇《いさ》み燃《も》え上《あ》がる

「億劫《おくごう》の辛労《しんろう》」とは、いつ終《お》わるとも知《し》れない無限《むげん》の労苦《ろうく》とも、受《う》け止《と》められるかもしれない。しかし、大聖人は、この「億劫《おくごう》の辛労《しんろう》」は、妙法を唱《とな》え戦《たたか》う、瞬間瞬間《しゅんかんしゅんかん》のわが一念《いちねん》に尽《つ》くせるのだと、大転換《だいてんかん》して教《おし》えてくださっています。億劫《おくごう》にわたる辛労《しんろう》を、この一瞬《いっしゅん》の一念《いちねん》に凝縮《ぎょうしゅく》する。言《い》い換《か》えれば、いかに「今《いま》この瞬間《しゅんかん》」を勝《か》ち切《き》るかを離《はな》れて、「億劫《おくごう》の辛労《しんろう》」を尽《つ》くす道《みち》はないのです。

いかなることがあろうとも、自行化他《じぎょうけた》の題目を唱《とな》え抜《ぬ》く根本《こんぽん》の一念《いちねん》において、「常《つね》に精進《しょうじん》する」心《こころ》は揺《ゆ》るぎなく定《さだ》まっている。時々刻々《じじこっこく》と変化《へんか》する、どの瞬間《しゅんかん》に臨《のぞ》んでも題目を忘《わす》れなければ、道《みち》を求《もと》める心《こころ》は勇《いさ》み燃《も》え上《あ》がる。これが（この偈文《げもん》に付《ふ》された）「もとより」の姿勢《しせい》です（＝大聖人は、御《おん》義口伝《ぎくでん》で経文《きょうもん》の一節《いっせつ》「仏道《ぶつどう》を求《もと》めんが為《ため》の故《ゆえ》なり」を、「仏道《ぶつどう》を求《もと》めたることもとよりなり」と読《よ》みかえられている)。それは、みずみずしい本因妙《ほんいんみょう》の生《せい》命《めい》であり、常《つね》に新《あたら》しく、常《つね》に強《つよ》く、常《つね》に真剣《しんけん》です。まさに「南無妙法蓮華経は精進行《しょうじんぎょう》」なのです。

なぜ、創価学会には、常《つね》に伸《の》びゆく息吹《いぶき》があるのか。それは、老若男女《ろうにゃくなんにょ》を問《と》わず、このたゆまぬ求道心《きゅうどうしん》とともに、人間革命と広宣流布への勇気《ゆうき》が脈打《みゃくう》っているからです。

法華経の兵法《へいほう》——絶対勝利《ぜったいしょうり》の信心《しんじん》

「なにの兵法《へいほう》よりも法華経《ほけきょう》の兵法《へいほう》をもちい《用》給《たも》うべし。『諸余《しょよ》の怨敵《おんてき》は、みな摧《ざい》滅《めっ》す』の金言《きんげん》むな《虚》しかるべからず。兵法《へいほう》・剣形《けんぎょう》の大事《だいじ》もこの妙法《みょうほう》より出《い》でたり。ふかく信心《しんじん》をとり給《たま》え。あえて臆病《おくびょう》にては叶《かな》うべからず候《そうろう》」(新1623ページ・全1192ページ)

◇

心《こころ》には不可思議《ふかしぎ》な力《ちから》がある。心《こころ》一つで、一切《いっさい》が変《か》わっていきます。その心《こころ》の力《ちから》を現《あらわ》す修行《しゅぎょう》が、自行化他《じぎょうけた》にわたる唱題です。

大聖人は「心《こころ》の不思議《ふしぎ》をもって経論《きょうろん》の詮要《せんよう》となすなり。この心《こころ》を悟《さと》り知《し》るを名《な》づけて如来《にょらい》と云《い》う」（新714ジペー・全564ジペー）と仰《おお》せになりました。

この心《こころ》の力《ちから》を発揮《はっき》していくことが、人生《じんせい》と生命《せいめい》の勝利《しょうり》の要諦《ようてい》である。これこそが「法華経の兵法《へいほう》」にほかならないのです。

この「心《こころ》」の究極《きゅうきょく》の真実《しんじつ》の姿《すがた》を実現《じつげん》なされた大聖人御自身《ごじしん》の御生命《ごせいめい》を、その広大《こうだい》な御境涯《ごきょうがい》のままに顕《あらわ》されたのが御本尊です。

したがって、御本尊を信《しん》じ、一心《いっしん》に題目を唱《とな》えゆくならば、あたかも明鏡《めいきょう》に向《む》かうが如《ごと》く、わが心《こころ》の大宇宙《だいうちゅう》、すなわち仏界《ぶっかい》の大生命《だいせいめい》が明《あき》らかに映《うつ》し出《だ》される。

大聖人の師子王《ししおう》の御生命《ごせいめい》が、我《わ》が身《み》に躍動《やくどう》するのです。

◇

大聖人は仰《おお》せです。

「師子王《ししおう》のごとくなる心《こころ》をもてる者、必ず仏《ほとけ》になる《成》べし」（新1286ジペー・全9

心一つで一切《いっさい》が変わっていく。その力《ちから》を現《あらわ》す修行が唱題

57ページ）
妙法流布《るふ》へ戦《たたか》う信心の「心《こころ》」。
師《し》のために戦《たたか》う弟子《でし》の「心《こころ》」。
正義《せいぎ》を叫《さけ》び抜《ぬ》く師子《しし》の「心《こころ》」。

この「心《こころ》」こそが「三世《さんぜ》の幸福《こうふく》」と「平和《へいわ》」を勝《か》ち取《と》る最強《さいきょう》の武器《ぶき》となり、兵法《へいほう》となる。これを、大聖人は「法華経の兵法《へいほう》」と仰《おお》せになったのです。

もともと、兵法《へいほう》とは、戦闘《せんとう》の作戦《さくせん》・戦術《せんじゅつ》や武術《ぶじゅつ》のことです。広《ひろ》げて考《かんが》えれば、人生全般《じんせいぜんぱん》において、よりよい結果《けっか》を得《え》ていくため、すなわち、価値創造《かちそうぞう》の勝利《しょうり》の人生《じんせい》を送《おく》るための方法《ほうほう》とも言《い》えましょう。

「法華経の兵法《へいほう》」とは、どこまでも御本尊根本《こんぽん》に、大確信《だいかくしん》の祈《いの》りで、あふれてくる智慧《ちえ》と勇気《ゆうき》で、無明《むみょう》と戦《たたか》い、宿命《しゅくめい》

を破《やぶ》り、絶対勝利《ぜったいしょうり》する信心のことです。

いかなる時《とき》も、宇宙根源《うちゅうこんげん》の法《ほう》である妙法に基《もと》づく時《とき》、絶対《ぜったい》に行き詰《づ》まることはありません。一切《いっさい》の敵《てき》を必《かなら》ず打《う》ち破《やぶ》ることのできる絶対無敵《ぜったいむてき》の功力《くりき》があるのです。

「諸余《しょよ》の怨敵《おんてき》は、皆悉摧滅《みなざいめつ》せり」（法華経６００ページ）――この薬王品《やくおうほん》の経文《きょうもん》は、法華経を受持《じゅじ》し、弘通《ぐつう》する福徳《ふくとく》が、いかに偉大《いだい》であるかを示《しめ》した一節《いっせつ》です。

すなわち、妙法を受持《じゅじ》し、弘通《ぐつう》する功徳《くどく》によって、成仏《じょうぶつ》を妨《さまた》げるあらゆる魔《ま》軍《ぐん》を打《う》ち破《やぶ》ることができる――これが「法華経の兵法《へいほう》」の力《ちから》であると。

ゆえに戦《たたか》いに勝《か》ち、生命《せいめい》を守《まも》るための「兵法《へいほう》・剣形《けんぎょう》」の真髄《しんずい》も、実《じつ》は「法華経の兵法《へいほう》」にあるのです。

私たちが健康《けんこう》になり、生《い》きがいに満《み》ち、地域《ちいき》・社会《しゃかい》で信頼《しんらい》の実証《じっしょう》を勝《か》ち開《ひら》いていく――そのあらゆる努力《どりょく》、工夫《くふう》、挑戦《ちょうせん》の根本《こんぽん》こそが「法華経の兵法《へいほう》」すなわち「強盛《ごうじょう》なる信心」なのです。

大聖人《だいしょうにん》はお手紙《てがみ》の末尾《まつび》に「ふかく信心《しんじん》をとり給《たま》え。あえて臆病《おくびょう》にては叶《かな》うべからず」（新1623㌻・全1193㌻）と仰《おお》せです。

〝臆病《おくびょう》は心《こころ》の眼《め》を閉《と》ざす〟とは、アメリカ・ルネサンスの哲人《てつじん》エマソンの卓《たっ》見《けん》です。

臆病《おくびょう》は、真実《しんじつ》を見《み》えなくする。小《ちい》さな困難《こんなん》も巨石《きょせき》に見《み》える。活路《かつろ》の扉《とびら》も、分《ぶ》厚《あつ》い壁《かべ》に見《み》えてしまう。

大事《だいじ》なのは「勇気《ゆうき》」です。

このエマソンが面白《おもしろ》いことを言《い》いました。

「勇気《ゆうき》とは、ただ各人《かくじん》が自由《じゆう》に自分《じぶん》の素質《そしつ》に適《かな》った事《こと》を為《な》す時《とき》の、その正当《せいとう》な若《も》しくは健全《けんぜん》な状態《じょうたい》を指《さ》すのである」「自分《じぶん》の為《な》すべき事《こと》を即座《そくざ》に成《な》すのである」（『エマアソン全集 4』戸川秋骨訳、国民文庫刊行会）

仏法的にいえば、勇気《ゆうき》とは、〝自身《じしん》の最《もっと》も健全《けんぜん》な素質《そしつ》〟といえる仏性《ぶっしょう》に基《もと》づく心《こころ》であり、無明《むみょう》を打《う》ち破《やぶ》って即座《そくざ》に法性《ほっしょう》を現《あらわ》していくための「戦《たたか》う心《こころ》」です。

自身《じしん》が妙法の当体《とうたい》であると信《しん》じて、今《いま》いる場所《ばしょ》で、現実《げんじつ》の課題《かだい》に挑戦《ちょうせん》する。そこにこそ「勇気《ゆうき》」があるのです。そこに「法華経の兵法《へいほう》」は発揮《はっき》されるのです。そこに「勝利《しょうり》と栄光《えいこう》の不滅《ふめつ》の歴史《れきし》」は築《きず》かれていくのです。

私も、戸田先生のもとで、一人の青年として、現実《げんじつ》の困難《こんなん》と戦《たたか》い抜《ぬ》きました。

行き詰《づ》まっては祈《いの》り、祈《いの》っては挑戦《ちょうせん》し、来《く》る日も来《く》る日も、ただ「先生のために、断《だん》じて勝《か》つ！」「広宣流布のために、必《かなら》ず勝《か》ってみせる！」と、いくつもの壁《かべ》に、阿修羅《あしゅら》の如《ごと》く立《た》ち向《む》かっていった。そして勝《か》ち抜《ぬ》いていった。

「師《し》のために！」「広布のために！」――この一念《いちねん》を定《さだ》めたときに、青年の本当《ほんとう》の力《ちから》が出《で》るのです。

あえて私の体験《たいけん》から言《い》えば、これが「法華経の兵法《へいほう》」です。

私は、戸田先生の構想《こうそう》を実現《じつげん》するために、あらゆる激戦《げきせん》の最前線《さいぜんせん》に立《た》ち、「絶対勝利《ぜったいしょうり》の信心」の極意《ごくい》を体得《たいとく》しました。

戸田先生にお仕《つか》えした11年間《ねんかん》、私は、この「法華経の兵法《へいほう》」の勝利《しょうり》の実証《じっしょう》を厳然《げんぜん》と示《しめ》し、師匠《ししょう》に喜《よろこ》んでいただきました。

今《いま》、この必勝《ひっしょう》の実践哲学《じっせんてつがく》を、わが本門《ほんもん》の弟子《でし》たちに託《たく》す時《とき》が来《き》ました。

無上宝聚《むじょうほうじゅ》　不求自得《ふぐじとく》――最高《さいこう》の宝《たから》は私たちの胸中《きょうちゅう》に

法華経信解品《しんげほん》には「無上宝聚《むじょうほうじゅ》　不求自得《ふぐじとく》（無上《むじょう》の宝聚《ほうじゅ》は　求《もと》めざるに自《おの》ずから得《え》たり）」（法華経224ジペー）と説《と》かれます。

法華経では初《はじ》めて、これまでの経典《きょうてん》で成仏《じょうぶつ》できないと厳《きび》しく糾弾《きゅうだん》されていた声聞《しょうもん》・縁覚《えんがく》の二乗《にじょう》が、必《かなら》ず成仏《じょうぶつ》できると説《と》かれました。

もはや仏《ほとけ》の覚《さと》りを得《え》ることはできないとあきらめていた摩訶迦葉《まかかしょう》たちは大《おお》いに喜《よろこ》び、「無上宝聚《むじょうほうじゅ》　不求自得《ふぐじとく》」と叫《さけ》んだのです。

この「無上宝聚《むじょうほうじゅ》」について、「御義口伝《おんぎくでん》」では、「無上《むじょう》の宝《たから》の集《あつ》まり」とは、三世十方《さんぜじっぽう》の諸仏《しょぶつ》の功徳《くどく》を集《あつ》めた南無妙法蓮華経であることが示《しめ》されています。

妙法こそが「無上《むじょう》の中《なか》の極無上《ごくむじょう》」だからです。

それはまた、仏界《ぶっかい》でもあり、仏界《ぶっかい》を具《そな》えた自分自身《じぶんじしん》の生命《せいめい》とも言《い》えます。すなわち私たちは、仏《ほとけ》の生命《せいめい》という究極《きゅうきょく》の無上《むじょう》の宝《たから》を平等《びょうどう》に持《も》っているということです。

◇

爾前諸経《にぜんしょきょう》では、成仏《じょうぶつ》までに極《きわ》めて長《なが》い時間《じかん》をかけて修行《しゅぎょう》する「歴劫修行《りゃっこうしゅぎょう》」が説《と》かれていました。これに対《たい》して大聖人は、この一生《いっしょう》のうちに必《かなら》ず成仏《じょうぶつ》できる「一生成仏《いっしょうじょうぶつ》」の法《ほう》を明《あ》かされました。因果倶時《いんがぐじ》の妙法を受持《じゅじ》することで、従来《じゅうらい》の歴劫修行《りゃっこうしゅぎょう》のような「辛労《しんろう》」も、「行功《ぎょうく》」も無《な》く、無上《むじょう》の宝《たから》を我《わ》が物《もの》にすることができる。直《ただ》ちに我《わ》が身《み》に仏《ほとけ》の境涯《きょうがい》を得《え》ることができる、ということです。

◇

御本尊をひとたび信受《しんじゅ》し、信心を持《たも》ち抜《ぬ》くことで、確《たし》かな幸福《こうふく》の軌道《きどう》へと転《てん》換《かん》し、最高《さいこう》の宝《たから》を求《もと》めずしておのずから得《え》ることができるのです。「自得《じとく》」ですから、誰《だれ》かから与《あた》えられるものではない。おのずから得《え》るものです。ゆえに絶対《ぜったい》に、退転《たいてん》してはならない。不信《ふしん》や惰性《だせい》、慢心《まんしん》などは大敵《たいてき》です。どこまでも地道《じみち》な信心の実践《じっせん》を積《つ》み重《かさ》ねていくのです。そうすれば想像《そうぞう》もできなかった、「衆生所遊楽《しゅじょうしょゆうらく》」「自受法楽《じじゅほうらく》」の大境涯《だいきょうがい》を勝《か》ち開《ひら》くことができるのです。

＊✧＊　＊✧＊　＊✧＊　＊✧＊　＊✧＊

戸田先生は、かつて青年に、こう言《い》われた。

「今《いま》の僕《ぼく》の心境《しんきょう》は、大空《おおぞら》に真綿《まわた》を広《ひろ》げて、その上《うえ》に大《だい》の字《じ》になって、ひっくり返《かえ》っているようなものだ。必要《ひつよう》なものは、自然《しぜん》に具《そな》わってくる。不求自得《ふぐじとく》だ。この功徳《くどく》は、どこで得《え》たかといえば、二年間の獄中生活《ごくちゅうせいかつ》だ。しかし、今《いま》は、時代《じだい》が違《ちが》う。牢獄《ろうごく》へ行《い》かなくても、その若《わか》い生命《せいめい》を、尊《とうと》い広宣流布の使命《しめい》

世界最高《さいこう》の宝《たから》を、みずからも得て、人にも分《わ》かち与《あた》えるのが、信心である

に生《い》きて、東奔西走《とうほんせいそう》していきなさい」

これが戸田先生の青年への遺言《ゆいごん》である。

戸田先生は戦時中《せんじちゅう》、国家主義《こっかしゅぎ》と戦《たたか》い、投獄《とうごく》された。しかし、大難《だいなん》を乗《の》り越《こ》えたゆえに、言葉《ことば》では言《い》い尽《つ》くせぬ偉大《いだい》なる幸福境涯《こうふくきょうがい》を得《え》たと、つねづね言《い》われた。広宣流布に生《い》きぬくならば、その人《ひと》は、必《かなら》ず、勝利者《しょうりしゃ》になる。最高《さいこう》の幸《こう》福者《ふくしゃ》になるのである。

✲✧✲ ✲✧✲ ✲✧✲ ✲✧✲

妙法は、無上宝聚《むじょうほうじゅ》――「無上《むじょう》の宝《たから》の集《あつ》まり」である。妙法の当体《とうたい》が御本尊である。それは、わが生命《せいめい》の中《なか》にもある。

日蓮大聖人は「この御本尊は、まったくよそに求《もと》めてはなりません。ただ、われら衆生《しゅじょう》が法華経を受持《じゅじ》し、南無妙

法蓮華経と唱《とな》える胸中《きょうちゅう》の肉団《にくだん》にいらっしゃるのです」（新２０８８ページ・全１２４４ページ、通解）と教《おし》えてくださっている。

世界最高《せかいさいこう》の宝《たから》を、みずからも得《え》て、人にも分《わ》かち与《あた》えるのが、信心である。

＊✧＊……＊✧＊……＊✧＊……＊✧＊……＊✧＊

「自我偈《じがげ》」（寿量品《じゅりょうほん》）の冒頭《ぼうとう》、「自我得仏来」の意味《いみ》も、自身《じしん》の仏界《ぶっかい》を「自得《じとく》」するということです。

「無上宝聚《むじょうほうじゅ》　不求自得《ふぐじとく》」（信解品《しんげほん》）――無上《むじょう》の宝《たから》の集《あつ》まりを、求《もと》めずして自《おの》ずから得《え》る。

「自受法楽《じじゅほうらく》」――自《みずか》ら法楽《ほうらく》を受《う》ける。

「自受用身《じじゅゆうしん》」――自《みずか》ら（仏《ほとけ》の無限《むげん》の力《ちから》を）受《う》け用《もち》いる仏身《ぶっしん》。

全部《ぜんぶ》、「自受《じじゅ》」です。自分《じぶん》が受《う》けるのです。全部《ぜんぶ》、「自得《じとく》」です。要《よう》は、自分《じぶん》が得《とく》をするのです。すべて、「自身《じしん》の宮殿《きゅうでん》に入《はい》る」ためなのです。ゆえに、いかなる活動《かつどう》も、「自分《じぶん》の勝利《しょうり》」が大切《たいせつ》です。信心の「自分《じぶん》の目標《もくひょう》」を決《き》め、それができれば「自分《じぶん》の勝利《しょうり》」です。

〝自分《じぶん》は勝《か》った!〟〝自分《じぶん》は満足《まんぞく》だ!〟と言《い》える不惜身命《ふしゃくしんみょう》の戦《たたか》いをすることです。

＊✧＊……＊✧＊……＊✧＊……＊✧＊……＊✧＊

私たちの胸《むね》に「最高《さいこう》の宝《たから》」はあります。苦難《くなん》に立《た》ち向《む》かう勇気《ゆうき》、限《かぎ》りない希《き》望《ぼう》、燃《も》え上《あ》がる情熱《じょうねつ》、汲《く》めども尽《つ》きぬ智慧《ちえ》――全部《ぜんぶ》が、自分《じぶん》の「本有《ほんぬ》の宝《たから》」です。それを確信《かくしん》して戦《たたか》った人《ひと》が仏《ほとけ》です。その人自身《ひとじしん》が、「最高《さいこう》の宝《たから》の集《あつ》まり」(無上宝聚《むじょうほうじゅ》)となるのです。生々《しょうじょう》世々、大長者《だいちょうじゃ》であり、大満足《だいまんぞく》の人生《じんせい》となるのです。

学会精神

師弟不二《していふに》——崇高《すうこう》な精神《せいしん》の絆《きずな》

戸田先生は、戦前《せんぜん》の創価教育学会総会《そうかきょういくがっかいそうかい》で、牧口先生の前《まえ》で次《つぎ》のように講演《こうえん》されました。

「日興上人《にっこうしょうにん》は、日蓮大聖人様をしのごうなどとのお考《かんが》えは、毫《ごう》もあらせられぬ。われわれも、ただ牧口先生の教《おし》えをすなおに守《まも》り、すなおに実行《じっこう》し、われわれの生活《せいかつ》のなかに顕現《けんげん》しなければならない。（中略）弟子《でし》は弟子《でし》の道《みち》を守《まも》らねばならぬ。ことばも、実行《じっこう》も、先生の教《おし》えを、身《み》に顕現《けんげん》しなければならない」（『戸田城聖全集 3』）

仏法の師匠《ししょう》とは、いわば究極《きゅうきょく》の人生《じんせい》の「規範《きはん》」です。正《ただ》しき師匠《ししょう》を信《しん》ずるということは、師匠《ししょう》の言《い》う通《とお》りに実践《じっせん》することです。その時《とき》に、人間は自身《じしん》の境《きょう》涯《がい》の壁《かべ》を突《つ》き抜《ぬ》け、偉大《いだい》な人生《じんせい》を歩《あゆ》むことが可能《かのう》になるのです。いかなる分野《ぶんや》であれ、一流《いちりゅう》の人《ひと》には、何《なん》らかの形《かたち》で、その人《ひと》の規範《きはん》となった師匠《ししょう》がいるものです。必《かなら》ず弟子《でし》としての軌道《きどう》を歩《あゆ》みぬいているものです。

また、師匠《ししょう》とは、どこまでも弟子《でし》の大成《たいせい》を願《ねが》う存在《そんざい》です。弟子《でし》が可愛《かわい》くない師匠《ししょう》はいません。師《し》は自身《じしん》の命《いのち》を削《けず》るようにして、自分《じぶん》の持《も》てる一切《いっさい》を弟子《でし》に授《さず》けるものです。

師弟《してい》とは、最高《さいこう》に麗《うるわ》しい心《こころ》の世界《せかい》であり、崇高《すうこう》な精神《せいしん》の絆《きずな》なのです。

◇

「在在《いたるところ》の諸仏《しょぶつ》の土《ど》に　常《つね》に師《し》と倶《とも》に生《しょう》ず」（法華経317ジペー）

法華経において、釈尊《しゃくそん》の声聞《しょうもん》の弟子《でし》たちについて、師弟《してい》の絆《きずな》は今世《こんぜ》だけでなく三千塵点劫《さんぜんじんてんごう》というはるかな昔《むかし》からの因縁《いんねん》（絆《きずな》）であることを明《あ》かした一節《いっせつ》です。

弟子《でし》たちは、釈尊《しゃくそん》を師匠《ししょう》として、あらゆる仏国土《ぶっこくど》にあって、いつも、師《し》と共《とも》に生《う》まれ、いつも共《とも》に菩薩《ぼさつ》の実践《じっせん》をしたことが示《しめ》されています。釈尊《しゃくそん》の声聞《しょうもん》の弟子《でし》たちは、外見上《がいけんじょう》の姿《すがた》は声聞《しょうもん》の身《み》であっても、実《じつ》は、過去世《かこせ》以来《いらい》、師《し》と共《とも》に菩薩《ぼさつ》の修行《しゅぎょう》を積《つ》み重《かさ》ねてきたことを〝思《おも》い出《だ》し〟歓喜《かんき》していくのです。

「自他《じた》ともの幸福《こうふく》」――人間として最《もっと》も深《ふか》い誓願《せいがん》に立《た》ち、師弟一体《していいったい》で、はるかな過去世《かこせ》から未来永遠《みらいえいえん》に生《い》き抜《ぬ》いていく。これ以上《いじょう》の崇高《すうこう》な人生《じんせい》はありません。

◇

末法濁世《まっぽうじょくせ》という最《もっと》も濁《にご》り、混乱《こんらん》した時代《じだい》であるからこそ、いかなる人《ひと》も生命《せいめい》の奥底《おうてい》では、希望《きぼう》の大法《だいほう》を求《もと》めています。

末法《まっぽう》は、その意味《いみ》で、人々を生命《せいめい》の根源《こんげん》から救《すく》う根本法《こんぽんほう》が流布《るふ》すべき時代《じだい》です。

この広宣流布の時《とき》に、師《し》と共《とも》に生《う》まれ合《あ》わせ、同《おな》じ世界《せかい》で、仏法の究極《きゅうきょく》であり、諸仏《しょぶつ》の出世《しゅっせ》の本懐《ほんかい》である南無妙法蓮華経を唱《とな》え、弘《ひろ》めるのが、日蓮仏法における師弟《してい》です。

なんと崇高《すうこう》で、なんと輝《かがや》かしい、生命《せいめい》と生命《せいめい》の約束《やくそく》でしょうか。

◇

仏法の真髄《しんずい》は師弟《してい》です。法華経は師弟《してい》の経典《きょうてん》であり、日蓮大聖人のお振《ふ》る舞《ま》いは、師弟《してい》の絆《きずな》に貫《つらぬ》かれています。

仏勅《ぶっちょく》の創価《そうか》もまた、師弟《してい》の大道《だいどう》こそ根本精神《こんぽんせいしん》です。創価の師弟《してい》は、日蓮大聖人の仏法を根幹《こんかん》に、人類《じんるい》の宿命《しゅくめい》を転換《てんかん》する師弟《してい》です。この師弟《してい》の根本精神《こんぽんせいしん》が不《ふ》滅《めつ》であれば、創価学会は永遠《えいえん》に発展《はってん》します。

一切《いっさい》は弟子《でし》で決《き》まることを、戸田先生は教《おし》えてくださいました。

牧口先生が殉教《じゅんきょう》して残《のこ》された正義《せいぎ》の大道《だいどう》を、戸田先生が一人立《た》たれ、受《う》け継《つ》いで、民衆《みんしゅう》の中《なか》へ開《ひら》いていかれました。

その弟子《でし》として私も、戸田先生をお守《まも》りしました。

✻✧✻　✻✧✻　✻✧✻　✻✧✻　✻✧✻

「毎日《まいにち》、常《つね》に、心《こころ》で（戸田）先生と対話《たいわ》しながら戦《たたか》っています。私の心《こころ》には、いつも、先生がいらっしゃる。

私の基準《きじゅん》は、御書であり、それを実際《じっさい》に身《み》で読《よ》まれ、実践《じっせん》されてきた戸田先生です。

〝こういう時《とき》、先生ならどうされるか〟〝自分《じぶん》の今日《きょう》の行動《こうどう》は、先生のご精神《せいしん》にかなったものであるのか〟〝先生が今《いま》の自分《じぶん》を見《み》たら、喜《よろこ》ばれるか、悲《かな》しまれるか〟

そして、〝必《かなら》ず、先生にお喜《よろこ》びいただける勝利《しょうり》の戦《たたか》いをしよう〟と、自分《じぶん》を

師弟不二《していふに》とは、師の心をわが心として生きること

鼓舞《こぶ》してきたんです。それが、私の勇気《ゆうき》の源泉《げんせん》です。常勝《じょうしょう》の原動力《げんどうりょく》なんです」

師弟不二《していふに》とは、師《し》の心《こころ》をわが心《こころ》として生《い》きることであり、いつ、いかなる時《とき》も、己心《こしん》に厳《げん》として師匠《ししょう》がいることから始《はじ》まる。いくら〝師弟《してい》の道《みち》〟を叫《さけ》んでいても、自分《じぶん》の心《こころ》に師匠《ししょう》がいなければ、もはや、仏法ではない。

師匠《ししょう》を、〝自分《じぶん》の心《こころ》の外《そと》にいる存在《そんざい》〟ととらえれば、師《し》の振《ふ》る舞《ま》いも、指導《しどう》も、自身《じしん》の内面的《ないめんてき》な規範《きはん》とはならない。そして、師匠《ししょう》が自分《じぶん》をどう見《み》ているかという、師《し》の〝目《め》〟や〝評価《ひょうか》〟が行動《こうどう》の基準《きじゅん》となってしまう。そうなると、〝師匠《ししょう》が厳《きび》しく言《い》うから頑張《がんば》るが、折《おり》あらば手《て》を抜《ぬ》こう〟という要領主義《ようりょうしゅぎ》に堕《だ》していくことになりかねない。そこには、自己《じこ》の信心の深化《しんか》もなければ、人間革命もない。

もしも、幹部《かんぶ》がそうなってしまえば、仏法の精神《せいしん》は消《き》え失《う》せ、清浄《せいじょう》なる信仰《しんこう》の世界《せかい》も、利害《りがい》や打算《ださん》の世法《せほう》の世界《せかい》になってしまう。

己心《こしん》に、師弟不二《していふに》の大道《だいどう》を確立《かくりつ》するなかにこそ、令法《りょうぼう》久住《くじゅう》がある。

異体同心《いたいどうしん》――「善《ぜん》」と「善」の連帯《れんたい》を築《きず》く

「異体同心《いたいどうしん》」の「異体《いたい》」とは、それぞれの個性《こせい》、特質《とくしつ》、立場等《たちばとう》が異《こと》なることです。「同心《どうしん》」とは、一般的《いっぱんてき》に言《い》えば目的観《もくてきかん》や価値観《かちかん》が同《おな》じことです。また、高《たか》い目的観《もくてきかん》や価値観《かちかん》を実現《じつげん》していこうという意志《いし》が一致《いっち》していることでもあります。

仏法のうえで言《い》えば、仏《ほとけ》の心《こころ》であり遺命《ゆいめい》である「広宣流布」を我《わ》が使命《しめい》として自覚《じかく》し、実践《じっせん》し抜《ぬ》いていく「師弟不二《していふに》の信心」にこそ、「同心《どうしん》」の核心《かくしん》があります。

師《し》と同《おな》じ精神《せいしん》に立《た》って、戦《たたか》いに挑《いど》み、勝利《しょうり》することが「異体同心《いたいどうしん》」の根幹《こんかん》です。

また「異体《いたい》」との仰《おお》せがどこまでも重要《じゅうよう》です。

いわゆる「一心同体《いっしんどうたい》」などの表現《ひょうげん》でなく、「異体同心《いたいどうしん》」と仰《おお》せられているところに甚深《じんじん》の意味《いみ》を拝《はい》することができます。

すなわち、「同心《どうしん》」といっても、一人一人の個性《こせい》を殺《ころ》すことではありません。「妙法」によって、一人一人の可能性《かのうせい》が最大限《さいだいげん》に発揮《はっき》されたときに、「異体同《いたいどう》心《しん》」の大《おお》いなる力《ちから》が現《あらわ》れるのです。

◇

「心《こころ》こそ大切《たいせつ》」です。我《わ》が一念《いちねん》を定《さだ》めることが、勝利《しょうり》への軌道《きどう》を確立《かくりつ》することになります。

一切《いっさい》は、自分《じぶん》の一念《いちねん》の変革《へんかく》から始《はじ》まります。「異体同心《いたいどうしん》」の団結《だんけつ》を築《きず》くことも同《おな》じです。〝自分《じぶん》は悪《わる》くない、他人《たにん》が悪《わる》い〟と言《い》って、互《たが》いに責《せ》め合《あ》っていれば、永久《えいきゅう》に「異体異心《いたいいしん》」のままです。

人間の集団《しゅうだん》である以上《いじょう》、さまざまな人間がいます。なかには、自身《じしん》と性格的《せいかくてき》に折《お》り合《あ》いが付《つ》かないい人がいるかもしれない。

妙法によって一人一人の可能性《かのうせい》を最大限《さいだいげん》に発揮《はっき》

だからこそ、自身《じしん》の人間革命を根幹《こんかん》にしなければ、「異体《いたい》同心《どうしん》」の絆《きずな》を作《つく》ることは不可能《ふかのう》です。大聖人は、「自他《じた》・彼此《ひし》の心《こころ》なく、水魚《すいぎょ》の思《おも》いを成《な》して、異体同心《いたいどうしん》にして」（新1775ジペー・全1337ジペー）と仰《おお》せです。

人間にさまざまな個性《こせい》があることは当然《とうぜん》であり、「違《ちが》い」があるからといって、差別《さべつ》し排除《はいじょ》することがあってはならない。その「違《ちが》い」を認《みと》め合《あ》うかどうか――「自他《じた》・彼此《ひし》の心《こころ》なく」が、どこまでも重要《じゅうよう》です。

「自他《じた》・彼此《ひし》の心《こころ》」とは、自己《じこ》を孤立化《こりつか》させ、絶対化《ぜったいか》し、その自己《じこ》に執着《しゅうちゃく》する我執《がしゅう》から生《う》まれる、悪《あく》と不幸《ふこう》の心《こころ》です。

この心《こころ》は、人《ひと》により、時《とき》により、例《たと》えば軽蔑《けいべつ》、憎《にく》しみ、妬《ねた》み、恨《うら》み、憤懣《ふんまん》、高慢《こうまん》、悪意《あくい》、不機嫌《ふきげん》、憂鬱《ゆううつ》、頑迷《がんめい》、短《たん》気《き》、裏切《うらぎ》り、不知恩《ふちおん》など、さまざまな形《かたち》の悪《あく》の心《こころ》として現《あらわ》れます。我執《がしゅう》を超《こ》えて、妙法の力《ちから》を現《あらわ》す人《ひと》は、これらの悪《あく》と不幸《ふこう》の心《こころ》から解放《かいほう》されていくのです。

また、「水魚《すいぎょ》の思《おも》いを成《な》して」と仰《おお》せです。

これは、共《とも》に学《まな》び、実践《じっせん》し、前進《ぜんしん》する友《とも》に対《たい》して、さらには自分《じぶん》が縁《えん》するすべての友《とも》に対《たい》して抱《いだ》く「親和《しんわ》」の思《おも》いです。

「自他《じた》・彼此《ひし》の心《こころ》」を超《こ》えた人《ひと》の生命《せいめい》には、すべてを結《むす》び付《つ》ける妙法の働《はたら》きが顕現《けんげん》されていくのです。その人《ひと》は、時《とき》には、自《みずか》ら広布の主役《しゅやく》として自在《じざい》に活《かつ》躍《やく》し、時《とき》には、中心者《ちゅうしんしゃ》を支《ささ》える陰《かげ》の努力《どりょく》に徹《てっ》します。しかも、どのような立場《たちば》にあっても、妙法という宇宙根源《うちゅうこんげん》の力《ちから》によって生命《せいめい》は躍動《やくどう》していくのです。

◇

大聖人は「諸法実相抄《しょほうじっそうしょう》」で「日蓮一人《にちれんいちにん》はじめは南無妙法蓮華経と唱《とな》えしが、二人《ににん》・三人《さんにん》・百人《ひゃくにん》と次第《しだい》に唱《とな》えつたう《伝》るなり。未来《みらい》もまたしかるべし。これ、あに地涌《じゆ》の義《ぎ》にあらずや。あまつさえ、広宣流布《こうせんるふ》の時《とき》は、日本一同《にほんいちどう》に南無妙法蓮華経と唱《とな》えんことは、大地《だいち》を的《まと》とするなるべし」（新1791ジペー・全1360ジペー）と仰《おお》せです。

一人唱《とな》え始《はじ》めた大聖人を師《し》として「二人《ににん》・三人《さんにん》・百人《ひゃくにん》」と唱《とな》え伝《つた》える「師弟《してい》不二《ふに》」と「異体同心《いたいどうしん》」の地涌《じゆ》の連帯《れんたい》があれば、必《かなら》ず広宣流布はできると宣言《せんげん》されています。

実《じつ》は、その時《とき》、その時《とき》において異体同心《いたいどうしん》の姿《すがた》を現《あらわ》していること自体《じたい》が、「広布勝利《しょうり》の証明《しょうめい》」であり、「広布伸展《しんてん》の精華《せいか》」なのです。すなわち、異体同心《いたいどうしん》は「勝利《しょうり》への要諦《ようてい》」であるとともに「勝利《しょうり》の証明《しょうめい》」でもあるのです。

また、「異体同心《いたいどうしん》」の躍動《やくどう》の中《なか》にいる地涌《じゆ》の友《とも》は、既《すで》に自分《じぶん》を悪《あく》と不幸《ふこう》に縛《しば》り付《つ》ける「自他《じた》・彼此《ひし》の心《こころ》」から解放《かいほう》されています。

◇

私たちは、法華経の理想《りそう》を実現《じつげん》する広宣流布の戦《たたか》いに生《い》きています。誰《だれ》にどう批判《ひはん》されようと、「民衆《みんしゅう》の力《ちから》」を解放《かいほう》し、「民衆《みんしゅう》の時代《じだい》」を築《きず》くために、汗《あせ》を流《なが》し、足《あし》を鉄板《てっぱん》のようにして歩《ある》き、岩盤《がんばん》に爪《つめ》を立《た》てる思《おも》いで戦《たたか》ってきたのは、創価学会だけです。その事実《じじつ》があるからこそ、世界《せかい》からの賞讃《しょうさん》が絶《た》えないのです。

一面《いちめん》から言《い》えば、私たちが築《きず》いてきた「異体同心《いたいどうしん》」の哲学《てつがく》と実践《じっせん》は、今《いま》、世《せ》界《かい》で注目《ちゅうもく》される段階《だんかい》になったともいえます。

例《たと》えば、「文明間対話《ぶんめいかんたいわ》」も「宗教間対話《しゅうきょうかんたいわ》」も、人類《じんるい》の発展《はってん》のために、時代《じだい》の要請《ようせい》であり、不可欠《ふかけつ》な行動《こうどう》になっています。

いわば、人類全体《じんるいぜんたい》が「異体同心《いたいどうしん》」を模索《もさく》しているともいえましょう。それぞれの文明《ぶんめい》の差異《さい》を超《こ》えて、人間の「根本善《こんぽんぜん》」の開発《かいはつ》のために、対話《たいわ》がいっそう重視《じゅうし》される時代《じだい》となっていることは、各界《かっかい》の識者《しきしゃ》が共通《きょうつう》して認識《にんしき》している通《とお》りです。その先端《せんたん》に私たちがいると言《い》うこともできます。「善《ぜん》」と「善《ぜん》」の連帯《れんたい》を築《きず》き上《あ》げていく、私たちの「異体同心《いたいどうしん》」の実践《じっせん》を、世界《せかい》が待望《たいぼう》しています。どこまでも、威風堂々《いふうどうどう》と前進《ぜんしん》し、勝利《しょうり》の歴史《れきし》を築《きず》いていきましょう。

発迹顕本《ほっしゃくけんぽん》――一人の人間がどれほど偉大《いだい》か

法華経は、「生命《せいめい》の尊厳《そんげん》」をすべての人々に確《たし》かに自覚《じかく》させ、尊厳《そんげん》なる生《い》き方《かた》を確立《かくりつ》させていくための教《おし》えです。

万人《ばんにん》が仏《ほとけ》の智慧《ちえ》を開《ひら》け――これが迹門《しゃくもん》の教《おし》えでした。

これに対《たい》して本門寿量品《ほんもんじゅりょうほん》では、こう教《おし》えます。

〝釈尊《しゃくそん》は、今世《こんぜ》で始《はじ》めて仏《ほとけ》の智慧《ちえ》を開《ひら》いたのではない。生命《せいめい》の永遠《えいえん》の活動《かつどう》に本来《ほんらい》、仏《ほとけ》の智慧《ちえ》が具《そな》わっているのであり、釈尊《しゃくそん》はその永遠《えいえん》の生命《せいめい》の当体《とうたい》なのである〟と。

この釈尊《しゃくそん》の「発迹顕本《ほっしゃくけんぽん》」によって、万人《ばんにん》が永遠《えいえん》の生命《せいめい》の当体《とうたい》であることが明《あき》らかになりました。〝万人《ばんにん》が智慧《ちえ》を開《ひら》け〟〝万人《ばんにん》が境涯《きょうがい》を高《たか》めよ〟との法華経の教《おし》えが実質化《じっしつか》したのです。

日蓮大聖人は、文永《ぶんえい》8年（1271年）9月12日の竜《たつ》の口《くち》の法難《ほうなん》を契機《けいき》に「発迹顕本《ほっしゃくけんぽん》」されました。


✲✧✲………✲✧✲………✲✧✲………✲✧✲………✲✧✲

文永《ぶんえい》8年の9月12日――。武装《ぶそう》した大勢《おおぜい》の兵士《へいし》が、大聖人を捕縛《ほばく》するために草庵《そうあん》を襲《おそ》いました。

捕《と》らわれた大聖人は、幕府《ばくふ》の実力者《じつりょくしゃ》である北条宣時《ほうじょうのぶとき》の屋敷《やしき》に移《うつ》されました。宣時《のぶとき》は佐渡《さど》の守護職《しゅごしょく》でした。大聖人を「遠流《おんる》」、すなわち佐渡流罪《さどるざい》に処《しょ》すと決《き》まっていたようです。

ところが、深夜《しんや》、大聖人は馬《うま》に乗《の》せられて連《つ》れ出《だ》されました。一部《いちぶ》の幕府要《ばくふよう》人《じん》が、ひそかに斬首《ざんしゅ》に処《しょ》すと企《くわだ》てていたのです。

奪命者《だつみょうしゃ》たる魔性《ましょう》が大聖人を殺害《さつがい》せんとした、まさにその時《とき》、不思議《ふしぎ》の現象《げんしょう》ありて、大聖人が虎口《ここう》を脱《だっ》せられたことは有名《ゆうめい》な史実《しじつ》です。四条金吾殿御消息《しじょうきんごどののごしょうそく》の最後《さいご》の段《だん》には、法華経の行者《ぎょうじゃ》を守護《しゅご》する諸天善神《しょてんぜんじん》である「三光天子《さんこうてんし》」のうち、月天子《がってんし》が「光《ひか》り物《もの》」として現《あらわ》れ、頸《くび》の座《ざ》にある大聖人を厳然《げんぜん》と護《まも》ったと示《しめ》されています。

✲✧✲……✲✧✲……✲✧✲……✲✧✲……✲✧✲

（その後《ご》、大聖人は）佐渡《さど》に流《なが》されても「流人《るにん》なれども喜悦《きえつ》はかり《計》なし《無》」（新1792ページ・全1360ページ）と大境涯《だいきょうがい》を示《しめ》された。「開目抄《かいもくしょう》」「観心本尊抄《かんじんのほんぞんしょう》」を著《あらわ》され、末法万年《まっぽうまんねん》の人類救済《じんるいきゅうさい》の法《ほう》を明《あき》らかにされた。そして、御本尊の御図顕《ごずけん》を開《かい》始《し》された。何《なん》という広大無辺《こうだいむへん》の境涯《きょうがい》でありましょうか。いかなる迫害《はくがい》も、大聖人の御心《おこころ》を破《やぶ》ることなどできなかったのです。

戸田先生はよく語《かた》られていた。

「『大聖人は、あれだけの大難《だいなん》を忍《しの》ばれたから偉《えら》い方《かた》である』と言《い》う人がい

学会の発迹顕本《ほっしゃくけんぽん》とは 行き詰《づ》まりを打開《だかい》すること

る。そうかもしれないけれども、もっと偉大《いだい》なことは、ありとあらゆる大難《だいなん》を忍《しの》ばれながら、一切衆生《いっさいしゅじょう》を救《すく》おうとされた大慈大悲《だいじだいひ》の戦《たたか》いをなされたことである」と。

大聖人の発迹顕本《ほっしゃくけんぽん》とは、決《けっ》して御自身《ごじしん》を普通《ふつう》の人間の手《て》の届《とど》かない高《たか》みに置《お》くことではなかった。竜《たつ》の口《くち》で大聖人が示《しめ》されたのは、人間としての究極《きゅうきょく》の姿《すがた》です。一人の人間が本来《ほんらい》、どれほど偉大《いだい》か。荘厳《そうごん》な存在《そんざい》であるか。それを御《ご》自身《じしん》の御姿《おすがた》を通《とお》して示《しめ》されたのです。

✻✧✻ ✻✧✻ ✻✧✻ ✻✧✻

1951年（昭和26年）の晴《は》れわたる5月3日、戸田先生は、第2代会長に就任《しゅうにん》されました。その意義《いぎ》を、先生は、日蓮大聖人に直結《ちょっけつ》する創価学会の発迹顕本《ほっしゃくけんぽん》とされたのです。

先生は、語《かた》られました。

——牧口先生は、口癖《くちぐせ》のように「創価学会は発迹顕本《ほっしゃくけんぽん》せねばならぬ」と言《い》われていた。

創価学会の発迹顕本《ほっしゃくけんぽん》とは何《なに》か。最初《さいしょ》は皆《みな》、わからなかったが、私は2年間《ねんかん》の獄中闘争《ごくちゅうとうそう》を経《へ》て、ようやく亡《な》き牧口先生に、こう応《こた》えることができた。

「われわれの生命《せいめい》は永遠《えいえん》です。われわれは、末法《まっぽう》に七文字《もじ》の法華経を流布《るふ》すべき大任《たいにん》をおびた地涌《じゆ》の菩薩《ぼさつ》です」と。

そして、この自覚《じかく》を一人また一人と呼《よ》び覚《さ》まし、ついに学会総体《そうたい》として「われらこそ、末法《まっぽう》に七文字《もじ》の法華経を流布《るふ》すべき御本仏《ごほんぶつ》の眷属《けんぞく》なり」との偉大《いだい》な自覚《じかく》を生《しょう》じることとなった。

その自覚《じかく》の証《あか》しが第2代会長の就任《しゅうにん》であり、ここに学会は、牧口先生が言《い》われた発迹顕本《ほっしゃくけんぽん》をなしたのである——と。

創価学会の発迹顕本《ほっしゃくけんぽん》——それは、一人一人が日蓮大聖人の仏弟子《ぶつでし》たる覚悟《かくご》で、大難即広布《だいなんそくこうふ》に立《た》ち上《あ》がることにほかなりません。

「これで牧口先生のご期待《きたい》に応《こた》えることができたよ」と語《かた》る戸田先生の毅然《きぜん》たるお姿《すがた》は、今《いま》も忘《わす》れることができません。

学会員の一人一人に、地涌《じゆ》の自覚《じかく》の歓喜《かんき》が横溢《おういつ》している。皆《みな》、一人ももれなく、この世《よ》で果《は》たさん使命《しめい》の道《みち》を、威風《いふう》も堂々《どうどう》と力強《ちからづよ》く歩《あゆ》んでいる。そうしていくことが、牧口先生、戸田先生の崇高《すうこう》なる誓願《せいがん》でした。

◇

戸田先生は、発迹顕本《ほっしゃくけんぽん》とは、行き詰《づ》まりを打開《だかい》することだと教《おし》えられました。

「行き詰《づ》まりを感《かん》じた時《とき》に、大信力《だいしんりき》、大行力《だいぎょうりき》を奮《ふる》い起《お》こして、それを乗《の》り越《こ》えていくことだ。これが、私たちの『発迹顕本《ほっしゃくけんぽん》』となる」と。広宣流布を目指《めざ》し、大聖人の御遺命《ごゆいめい》の達成《たっせい》を目指《めざ》し、どこまでも前《まえ》へ前《まえ》へ突《つ》き進《すす》んでいく。

そこに、具体的《ぐたいてき》な「発迹顕本《ほっしゃくけんぽん》」の実像《じつぞう》があるとの指針《ししん》です。

行き詰《づ》まりを打開《だかい》し、無限《むげん》に価値《かち》を創造《そうぞう》しつつ、どこまでも、使命《しめい》の完成《かんせい》へ走《はし》りゆくのが、創価の青年の本領発揮《ほんりょうはっき》——「発迹顕本《ほっしゃくけんぽん》」であると、立《た》ち上《あ》がっていただきたいのです。

師子吼《ししく》──「正義《せいぎ》の声《こえ》」「確信《かくしん》の声」の響《ひび》き

「師子吼《ししく》」の意義《いぎ》について、御義口伝《おんぎくでん》には、「『師《し》』とは師匠《ししょう》授《さず》くるところの妙法《みょうほう》、『子《し》』とは弟子《でし》受《う》くるところの妙法《みょうほう》、『吼《く》』とは師弟共《していとも》に唱《とな》うるところの音声《おんじょう》なり」（新1043ジペー・全748ジペー）と説《と》かれている。

すなわち、師匠《ししょう》と弟子《でし》とが、ともに心《こころ》を合《あ》わせ、広宣流布の勝利《しょうり》へ、正義《せいぎ》の声《こえ》をあげるのだ。これほど正《ただ》しく尊《とうと》い、強《つよ》い声《こえ》はない。「百獣《ひゃくじゅう》」を打《う》ち破《やぶ》る、王者《おうじゃ》の声《こえ》である。

また、大聖人は「この経文《きょうもん》（＝法華経）は一切経《いっさいきょう》に勝《す》ぐれたり。地走《ちはし》る者《もの》の王《おう》たり、師子王《ししおう》のごとし。空飛《そらと》ぶ者《もの》の王《おう》たり、鷲《わし》のごとし」（新1737ジペー・全1310ジペー）と仰《おお》せである。

戸田先生は、創価学会は宗教界《しゅうきょうかい》の王者《おうじゃ》であると宣言《せんげん》された。

牧口先生と戸田先生、戸田先生と私も、この「師子吼《ししく》」「王者《おうじゃ》の声《こえ》」で、すべてに勝《か》ってきた。

私と青年部も、同《おな》じである。

若々《わかわか》しき生命《せいめい》の青年部の皆《みな》さんは、師子王《ししおう》のごとき、大鷲《おおわし》のごとき尊《とうと》き存在《そんざい》なのである。

「王者《おうじゃ》の中《なか》の王者《おうじゃ》」の風格《ふうかく》をもって、我《われ》らの道《みち》を、何《なに》ものにも左右《さゆう》されず、悠然《ゆうぜん》と、厳然《げんぜん》と、勝《か》ち進《すす》みゆくことだ。

＊✧＊……＊✧＊……＊✧＊……＊✧＊……＊✧＊

弟子《でし》が真剣《しんけん》に叫《さけ》び続《つづ》ける限《かぎ》り、偉大《いだい》な師匠《ししょう》の音声《おんじょう》は消《き》えない。師弟《してい》の脈動《みゃくどう》とは、弟子《でし》が、いかに広宣流布の組織《そしき》で戦《たたか》うか、弟子《でし》が、いかに現実社会《げんじつしゃかい》の中《なか》で仏法の真髄《しんずい》を語《かた》り抜《ぬ》くか、そして、弟子《でし》が、いかに破邪顕正《はじゃけんせい》の論陣《ろんじん》を張《は》るのか、そこにしかないのであります。
「師子《しし》の声《こえ》には一切《いっさい》の獣《けもの》、声《こえ》を失《うしな》う」（新2003ジペー・全1393ジペー）と御断言《ごだんげん》の通《とお》り、創価の若獅子《わかじし》ならば、言論戦《げんろんせん》で勝利《しょうり》の証《あか》しを打《う》ち立《た》てゆくことであります。

＊✧＊……＊✧＊……＊✧＊……＊✧＊……＊✧＊

黙《だま》っていては、何《なに》も変《か》えられない。誤《あやま》った先入観《せんにゅうかん》を打《う》ち破《やぶ》るのは、「正義《せいぎ》の声《こえ》」「確信《かくしん》の声《こえ》」の響《ひび》きである。

たじろがず、ためらわず、恐《おそ》れなく、語《かた》って語《かた》って語《かた》りぬく。人々の心《こころ》を揺《ゆ》り動《うご》かし、正義《せいぎ》へ、真実《しんじつ》へと目覚《めざ》めさせていく。

ここに対話《たいわ》の醍醐味《だいごみ》がある。「歴史《れきし》の地殻変動《ちかくへんどう》」は、民衆《みんしゅう》の対話《たいわ》から始《はじ》まるのである。

御書には仰《おお》せである。

「とにもかくにも法華経を、強《し》いて説《と》き聞《き》かせるべきである。(それを聞《き》いて)信《しん》ずる人は仏《ほとけ》になる。謗《そし》る者《もの》も、それが〝毒鼓《どっく》の縁《えん》〟となって仏《ほとけ》になるのである。どちらにしても仏《ほとけ》の種《たね》は法華経よりほかにはないのである」(新697ジペー・全552ジペー、通解)

正義《せいぎ》を語《かた》った分《ぶん》、すべてが仏縁《ぶつえん》となり、幸福《こうふく》の方向《ほうこう》へ、成仏《じょうぶつ》の方向《ほうこう》へ、大《おお》いなる波動《はどう》が広《ひろ》がっていく。これが仏法である。人間主義《しゅぎ》の対話運動《たいわうんどう》である。

＊✧＊……＊✧＊……＊✧＊……＊✧＊……＊✧＊

声《こえ》が大事《だいじ》である。学会はつねに、この「声《こえ》の力《ちから》」で勝《か》ってきた。いくら心《こころ》ですばらしいことを思《おも》っていても、それだけでは、相手《あいて》にはわからない。黙《だま》って笑顔《えがお》を浮《う》かべているだけでは、伝《つた》わらない。ゆえに、大事《だいじ》なのは、心《こころ》の思《おも》いを言葉《ことば》に表《あらわ》していくことだ。

「言《こと》と云《い》うは、心《こころ》の思《おも》いを響《ひび》かして声《こえ》を顕《あらわ》す」(新713ジペー・全563ジペー)と仰《おお》

声が邪悪《じゃあく》を倒《たお》す。声が時代を動かす。声が世界を変えていくのである

せのとおりである。

みずからの信仰体験《しんこうたいけん》を堂々《どうどう》と語《かた》っていく。そしてまた、自分《じぶん》が感《かん》じた学会の真実《しんじつ》の姿《すがた》を、ありのままに訴《うった》えていく。その生《い》き生《い》きとした声《こえ》の響《ひび》きが、広宣流布の勝利《しょうり》と前進《ぜんしん》の原動力《げんどうりょく》なのである。

たとえば、商売《しょうばい》をするにも、やはり、しゃべった分《ぶん》だけ、宣伝《せんでん》になる。勢《いきお》いが出《で》る。繁盛《はんじょう》もする。広宣流布も同《おな》じだ。リーダーは、しゃべらなければいけない。言《い》うべきことを言《い》いきっていかねばならない。

＊✧＊　＊✧＊　＊✧＊　＊✧＊

「彼《かれ》がために悪《あく》を除《のぞ》くは、即《すなわ》ちこれ彼《かれ》が親《おや》なり」（新120ページ・全236ページ）とは、創価の父《ちち》・牧口先生が常《つね》に語《かた》られた

一節《いっせつ》である。

正義《せいぎ》は叫《さけ》び抜《ぬ》かねばならない。声《こえ》を大《だい》にして、声《こえ》も惜《お》しまず、内《うち》にも、外《そと》にも、堂々《どうどう》と語《かた》るのだ。いな、師子吼《ししく》するのだ！

御本尊の大功徳《だいくどく》を、広布の使命《しめい》に生《い》きる喜《よろこ》びを、わが同志《どうし》の敢闘《かんとう》を、そして学会の正義《せいぎ》と真実《しんじつ》を！

「法華経《ほけきょう》の功徳《くどく》は、ほむ《讃》ればいよいよ功徳《くどく》まさる」（新1713ページ・全1242ページ）と、大聖人は教《おし》えてくださっている。

自分《じぶん》が叫《さけ》んだ分《ぶん》だけ、幸福《こうふく》の拡大《かくだい》、友情《ゆうじょう》の拡大《かくだい》、栄光《えいこう》の拡大《かくだい》があり、わが身《み》に無量《むりょう》の大功徳《だいくどく》が噴《ふ》き上《あ》がるのだ。


✲✧✲……✲✧✲……✲✧✲……✲✧✲……✲✧✲

声《こえ》が邪悪《じゃあく》を倒《たお》す。声《こえ》が時代《じだい》を動《うご》かす。

仏法は「声《こえ》、仏事《ぶつじ》をなす」（新985ページ・全708ページ等）と説《と》く。声《こえ》が世界《せかい》を変《か》えていくのである。

御聖訓《ごせいくん》には、「一匹《いっぴき》の師子王《ししおう》が吼《ほ》えれば、百匹《ひゃっぴき》の師子《しし》の子《こ》は力《ちから》を得《え》て、諸《もろもろ》の鳥《とり》や獣《けもの》は皆《みな》、頭《こうべ》が七《なな》つに割《わ》れる。法華経は師子王《ししおう》のようなものである。一切《いっさい》の獣《けもの》の頂《いただき》とする」（新1745ジペー・全1316ジペー、通解）とある。

「創価の声《こえ》」は「師子王《ししおう》の声《こえ》」である。それは、正義《せいぎ》の陣列《じんれつ》の威光勢力《いこうせいりょく》を限《かぎ》りなく増《ま》し、そして邪悪《じゃあく》の陰謀《いんぼう》をことごとく粉砕《ふんさい》していく根本《こんぽん》の力《ちから》である。

御聖訓《ごせいくん》のとおり、いよいよ「声《こえ》を惜《お》しまず」「声《こえ》を張《は》り上《あ》げて」「大音声《だいおんじょう》を出《い》だして」、創価の声《こえ》の勝利《しょうり》の金字塔《きんじとう》を打《う》ち立《た》ててまいりたい。

仏法は勝負《しょうぶ》——大変《たいへん》な時《とき》こそ大転換《だいてんかん》のチャンス

世間《せけん》から「貧乏人《びんぼうにん》と病人《びょうにん》の集《あつ》まり」と嘲笑《ちょうしょう》されようと、私たちは、その悪口《わるぐち》さえ誇《ほこ》りに変《か》えました。

「一番苦《いちばんくる》しんでいる人々の中《なか》に飛《と》び込《こ》み、生《い》き抜《ぬ》く希望《きぼう》と勇気《ゆうき》を贈《おく》ってこそ、本当《ほんとう》の力《ちから》ある宗教《しゅうきょう》だ！」と胸《むね》を張《は》って、地涌《じゆ》の尊《とうと》き使命《しめい》に燃《も》え、一対一の生命触発《せいめいしょくはつ》の対話《たいわ》に打《う》って出《で》ました。

苦悩《くのう》の宿命《しゅくめい》に泣《な》かされてばかりいた民衆《みんしゅう》が、新《あら》たな社会建設《しゃかいけんせつ》の主役《しゅやく》として、勇《いさ》んで声《こえ》を上《あ》げ、行動《こうどう》を起《お》こす。生《い》きる希望《きぼう》に燃《も》えて立《た》ち上《あ》がる——それは人類史《じんるいし》に輝《かがや》く数々《かずかず》の人権闘争《じんけんとうそう》が目指《めざ》してきたことです。

ところが創価学会という新《あら》たな民衆勢力《みんしゅうせいりょく》の台頭《たいとう》は、日本《にほん》の既成勢力《きせいせいりょく》に反発《はんぱつ》と恐《おそ》れを抱《いだ》かせたのでしょう。横暴《おうぼう》な権力《けんりょく》が圧迫《あっぱく》を加《くわ》えてきたのです。しかし、それに対《たい》して「師子王《ししおう》の心《こころ》」で立《た》ち向《む》かい、勝《か》ち越《こ》えてこそ日蓮仏法です。〝民衆《みんしゅう》よ、頭《こうべ》を上《あ》げよ！　団結《だんけつ》せよ！　立正安国《りっしょうあんこく》の叫《さけ》びを上《あ》げよ！　勇《いさ》んで対話《たいわ》の海《うみ》に飛《と》び込《こ》め！〟――師《し》が正義《せいぎ》を叫《さけ》び、一体不二《いったいふに》で弟子《でし》も叫《さけ》ぶのです。

日蓮大聖人は、この「師弟共戦《していきょうせん》の言論闘争《げんろんとうそう》」こそ、広宣流布を拓《ひら》く原動力《げんどうりょく》となることを、私たちに教《おし》えてくださいました。

「日蓮がごとく叫《さけ》べ」「我《わ》がごとく戦《たたか》え」と師匠《ししょう》が教《おし》えられた通《とお》りに行動《こうどう》する中《なか》にのみ、永遠不変《えいえんふへん》の勝利《しょうり》の大道《だいどう》がある。

◇

「構《かま》えて構《かま》えて、所領《しょりょう》を惜《お》しみ、妻子《さいし》を顧《かえり》み、また人《ひと》を憑《たの》んであやぶむ《危》ことなかれ。ただひとえに思い切るべし。今年《ことし》の世間《せけん》を鏡《かがみ》とせよ。そこばくの人の死《し》ぬるに、今《いま》まで生《い》きて有《あ》りつるは、このことにあわん《遇》ためなりけり。これこそ宇治川《うじがわ》を渡《わた》せし所《ところ》よ。これこそ勢多《せた》を渡《わた》せし所《ところ》よ。名《な》を揚《あ》ぐるか、名《な》をくだ《下》すかなり」(新2085ページ・全1451ページ)

中途半端《ちゅうとはんぱ》な甘《あま》い気持《きも》ちで、広布の激戦《げきせん》を勝《か》ち切《き》ることなどできません。

「構《かま》えて構《かま》えて」とあるごとく、絶対勝利《ぜったいしょうり》の祈《いの》りと準備《じゅんび》と行動《こうどう》をもって勝負《しょうぶ》に臨《のぞ》むことです。

そして、その根本《こんぽん》には迷《まよ》いや恐《おそ》れや油断《ゆだん》があってはならない。「思《おも》い切《き》るべし」です。「絶対《ぜったい》に勝《か》つ」と決《き》めることです。

重大《じゅうだい》なる法戦《ほうせん》――広宣流布の言論戦《げんろんせん》に立《た》ち会《あ》い、わが身《み》、わが声《こえ》、わが行《こう》動《どう》をもって仏法を宣揚《せんよう》し、師匠《ししょう》の正義《せいぎ》を叫《さけ》ぶことができる。これ以上《いじょう》の誉《ほま》れはありません。

「今《いま》まで生《い》きて有《あ》りつるは、このことにあ《遇》わんためなりけり」――思《おも》えば、末法今時《まっぽうこんじ》において、妙法に巡《めぐ》りあい、創価学会員として、創価の師弟《してい》として、世界《せかい》広宣流布の道《みち》を共《とも》に歩《あゆ》めること自体《じたい》が、最高《さいこう》の栄誉《えいよ》です。黄金《おうごん》に輝《かがや》く人生《じんせい》

迷《まよ》いや恐《おそ》れや油断《ゆだん》があってはならない。「絶対《ぜったい》に勝つ」と決めることだ

です。

戸田先生は言《い》われました。

「乱《みだ》れた世《よ》の中《なか》で生活《せいかつ》が苦《くる》しいとき、何故《なにゆえ》私たちは生《う》まれてきたかを考《かんが》えなければならない。みな大聖人様の命《めい》を受《う》けて広宣流布する役目《やくめ》を持《も》って生《う》まれて来《き》たということが宿習《しゅくじゅう》なのである。それが解《わか》るか解《わか》らないかが問題《もんだい》なのだ」

長《なが》い人生《じんせい》の中《なか》にあって、「ここが勝負所《しょうぶどころ》である」「今《いま》が重大《じゅうだい》な勝負時《しょうぶどき》である」という戦《たたか》いに直面《ちょくめん》した場合《ばあい》も、この御文《ごもん》に通《つう》ずる体験《たいけん》でありましょう。

◇

私にとって、この一節《いっせつ》は「〝まさか〟が実現《じつげん》」と、世間《せけん》をあっと驚《おどろ》かせた「大阪《おおさか》の戦《たたか》い」（１９５６年）の渦中《かちゅう》、わが関《かん》

西《さい》の同志《どうし》と深《ふか》く拝《はい》した御文《ごもん》でもあります。

「今《いま》ここ」が、広布の突破口《とっぱこう》を開《ひら》く決戦場《けっせんじょう》であり、自身《じしん》の宿命転換《しゅくめいてんかん》の正念場《しょうねんば》である——こう自《みずか》ら決めて祈《いの》り、行動《こうどう》する時《とき》、必《かなら》ず勝利《しょうり》の道《みち》は開《ひら》かれます。大《たい》変《へん》な戦《たたか》いの時《とき》こそ大転換《だいてんかん》のチャンスだと覚悟《かくご》し、喜《よろこ》んで挑《いど》んでいくのが本当《ほんとう》の勇者《ゆうしゃ》であり、賢者《けんじゃ》の生《い》き方《かた》です。

◇

1957年（昭和32年）の10月19日——。「大阪事件《おおさかじけん》」の初公判《はつこうはん》の翌日《よくじつ》、私は京《きょう》都《と》を訪《おとず》れ、一緒《いっしょ》に戦《たたか》ってくれている同志《どうし》を励《はげ》まし、宇治方面《うじほうめん》に足《あし》を運《はこ》びました。

その際《さい》、歴史《れきし》に薫《かお》る先陣争《せんじんあらそ》いの古戦場《こせんじょう》である宇治川《うじがわ》の流《なが》れを見《み》つめながら、胸中《きょうちゅう》に湧《わ》き上《あ》がる思《おも》いがありました。

私自身《じしん》にとっても、創価学会の未来《みらい》にとっても、広宣流布の前途《ぜんと》にとっても、あの「宇治川《うじがわ》の戦《たたか》い」と同《おな》じく、勝負《しょうぶ》を決《けっ》する戦《たたか》いが始《はじ》まった。仏法の正《せい》義《ぎ》のために、師匠《ししょう》を宣揚《せんよう》するために、あらゆる障魔《しょうま》と困難《こんなん》を打《う》ち破《やぶ》り、私は絶《ぜっ》対《たい》に勝《か》つ！――そのために今《いま》この試練《しれん》に巡《めぐ》りあったのだと、心《こころ》に定《さだ》めました。

◇

「仏法は勝負《しょうぶ》」です。

いついかなる時《とき》であれ、そして、日本《にほん》のいずこであれ、地球上《ちきゅうじょう》のいずこであれ、地涌《じゆ》の菩薩《ぼさつ》が立《た》ち上《あ》がり、勇敢《ゆうかん》に法華弘通《ほっけぐつう》の言論戦《げんろんせん》を起《お》こしたところが、偉大《いだい》な広宣流布の主戦場《しゅせんじょう》です。

一人立《た》ったその時《とき》、その場所《ばしょ》が、仏法の正義《せいぎ》を証明《しょうめい》しゆく「宇治《うじ》・勢多《せた》」の使命《しめい》の宝処《ほうしょ》となるのです。

ゆえに、わが親愛《しんあい》なる同志《どうし》よ、わが後継《こうけい》の青年たちよ、断固《だんこ》として、今日《きょう》を勝《か》ち抜《ぬ》け！

今《いま》いる場所《ばしょ》で勝《か》ちまくれ！

不思議《ふしぎ》なる宿縁《しゅくえん》をもって今《いま》この時《とき》に生《う》まれ合《あ》わせ、地涌《じゆ》の使命《しめい》のままに、広宣流布のために奮闘《ふんとう》してくれているわが弟子《でし》と共《とも》に、私は生涯《しょうがい》、戦《たたか》い抜《ぬ》いていく決心《けっしん》です。

仏法即社会

中道《ちゅうどう》——精神《せいしん》の勇者《ゆうしゃ》が進《すす》む誉《ほま》れの大道《だいどう》

（日蓮大聖人は）仰《おお》せです。

——私たち自身《じしん》の一念《いちねん》の心《こころ》は、瞬間瞬間《しゅんかんしゅんかん》、起滅《きめつ》し、変転《へんてん》している。その変《へん》化極《かきわ》まりない心《こころ》を探究《たんきゅう》してみると、「有《あ》る」と言《い》おうとすれば、その心《こころ》が、どのような色《いろ》で、どのような姿《すがた》や形《かたち》であるかは言《い》えない。しかし、色《いろ》や姿《すがた》、形《かたち》がないからといって、「無《な》い」と言《い》おうとすれば、様々《さまざま》に心《こころ》が次《つぎ》から次《つぎ》に起《お》こってくる。

「有《う》」でも「無《む》」でもなく、しかも「有《う》」でもあり「無《む》」でもある——。このような不可思議《ふかしぎ》なあり方《かた》をとる一念《いちねん》の心《こころ》を、大聖人は「中道一実《ちゅうどういちじつ》の妙体《みょうたい》」と言《い》われています。「中道《ちゅうどう》」とは、単《たん》なる中間《ちゅうかん》という意味《いみ》ではなく、二つの極端《きょくたん》な立場《たちば》にとらわれることなく、むしろ、それらを包《つつ》む、より高次《こうじ》の立場《たちば》に立《た》つことです。

✼✧✼……✼✧✼……✼✧✼……✼✧✼

「中道《ちゅうどう》」とは、〝足《た》して二で割《わ》った真《ま》ん中《なか》〟などという中《ちゅう》間主義《かんしゅぎ》や折衷主義《せっちゅうしゅぎ》ではありません。本来《ほんらい》は、「道《みち》に中《あた》る」という意義《いぎ》であり、「正義《せいぎ》や道理《どうり》に適《かな》う」ものです。生命《せいめい》の全《ぜん》体観《たいかん》に立《た》った生《い》き方《かた》ともいえます。

世《よ》の中《なか》には、有無《うむ》、善悪《ぜんあく》に限《かぎ》らず、さまざまな二分法《にぶんほう》があります。物質主義《ぶっしつしゅぎ》と精神主義《せいしんしゅぎ》。資本主義《しほんしゅぎ》と共産主義《きょうさんしゅぎ》の対《たい》立《りつ》。自国民《じこくみん》と外国人《がいこくじん》。多数者《たすうしゃ》と少数者《しょうすうしゃ》。自己《じこ》と他者《たしゃ》、等々《とうとう》。

実《じつ》は、これらの二分法《にぶんほう》への固執《こしつ》には、一方《いっぽう》に偏《かたよ》り、他方《たほう》を切《き》り捨《す》てる傾向《けいこう》があります。

仏法《ぶっぽう》の「中道《ちゅうどう》」の眼《まなこ》は全《まった》く違《ちが》います。どちらか一方《いっぽう》を切《き》り捨《す》て、犠牲《ぎせい》にする発想《はっそう》は持《も》ちえません。なぜならば、いずれの一方《いっぽう》にも、そこに「人間」がいるからです。真《しん》の仏法は円教《えんぎょう》です。一切《いっさい》を生《い》かして新《あら》たな価値《かち》を創造《そうぞう》する生《い》き方《かた》が、「中道《ちゅうどう》の大道《だいどう》」なのです。

＊✧＊┈┈┈┈＊✧＊┈┈┈┈＊✧＊┈┈┈┈＊✧＊┈┈┈┈＊✧＊

ガンジーが、重大《じゅうだい》な判断《はんだん》を下《くだ》す時《とき》に忘《わす》れてはならない点《てん》として促《うなが》したのは、政治《せいじ》の力学《りきがく》でもなければ、経済《けいざい》の理論《りろん》でもない。自分《じぶん》と同《おな》じ世界《せかい》に生《い》き、苦境《くきょう》に陥《おちい》っている人々の姿《すがた》にあった。私はここに、仏法が説《と》く「中道《ちゅうどう》」の思想《しそう》と通《つう》底《てい》するものを感《かん》じてなりません。

「中道《ちゅうどう》」とは、単《たん》に極端《きょくたん》な考《かんが》えや行動《こうどう》を排《はい》することではなく、自分《じぶん》の判断《はんだん》や行動《こうどう》が「人間としての道《みち》」に反《はん》していないかどうか、常《つね》に問《と》い直《なお》しながら、自《じ》分《ぶん》の生《い》きる証《あか》しを社会《しゃかい》に刻《きざ》み続《つづ》ける生《い》き方《かた》に本義《ほんぎ》があるといえます。

「善《よ》いことというものは、カタツムリの速度《そくど》で動《うご》くものである」（坂本徳松『ガンジー』旺文社）とは、あまりにも有名《ゆうめい》なガンジーの言葉《ことば》ですが、彼《かれ》の言《い》う変革《へんかく》とは、明《あき》らかに社会《しゃかい》の急進的《きゅうしんてき》革命ではなく、漸進的変化《ぜんしんてきへんか》を志向《しこう》していました。私は、ガンジーのそうした現実感覚《げんじつかんかく》、秩序感覚《ちつじょかんかく》は、仏法の「中道《ちゅうどう》」思想《しそう》と共鳴《きょうめい》し合《あ》う点《てん》が多《おお》いと思《おも》います。

「有《う》」と「無《む》」の間《あいだ》の中道《ちゅうどう》、「苦《く》」と「楽《らく》」との間《あいだ》の中道《ちゅうどう》、「断見《だんけん》」（生命《せいめい》は死《し》をもって終《お》わるとする考《かんが》え）と「常見《じょうけん》」（自我《じが》が同《おな》じ状態《じょうたい》で三世《さんぜ》にわたりつづくとする考《かんが》え）との間《あいだ》の中道《ちゅうどう》——それらは、曇《くも》りなき眼で如実《にょじつ》に現実《げんじつ》を直視《ちょくし》しようとする仏法の知見《ちけん》ですが、ガンジー主義《しゅぎ》とも深《ふか》く根《ね》を通《つう》じていると思《おも》います。

1957年（昭和32年）9月8日、横浜《よこはま》・三《み》ツ沢《ざわ》の競技場《きょうぎじょう》で戸田先生が青年部への「第一《だいいち》の遺訓《いくん》」として発表《はっぴょう》された、歴史的《れきしてき》な「原水爆禁止宣言《げんすいばくきんしせんげん》」もまた、「中道《ちゅうどう》」の智慧《ちえ》が輝《かがや》くものでした。

東西冷戦下《とうざいれいせんか》、それぞれの陣営《じんえい》が平然《へいぜん》と自《みずか》らの原水爆《げんすいばく》の正当性《せいとうせい》を主張《しゅちょう》していた時代《じだい》です。

戸田先生は、世界《せかい》の民衆《みんしゅう》の「生存権《せいぞんけん》」を脅《おびや》かす権力《けんりょく》の魔性《ましょう》に対《たい》して本質的《ほんしつてき》なメスを入《い》れ、核兵器《かくへいき》とその使用《しよう》を是《ぜ》とする、東西《とうざい》いずれの陣営《じんえい》の思考《しこう》をも「絶対悪《ぜったいあく》」と喝破《かっぱ》されました。そして、平和《へいわ》を願《ねが》い、叫《さけ》ぶ民衆《みんしゅう》の連帯《れんたい》を拡大《かくだい》して、千波万波《せんぱばんぱ》をつくっていく以外《いがい》に根本的《こんぽんてき》な解決《かいけつ》の道《みち》はない、と見抜《みぬ》かれていたのです。

「中道《ちゅうどう》」とは、断《だん》じて安易《あんい》な選択《せんたく》の道《みち》ではない。智慧《ちえ》を尽《つ》くした最《もっと》も困難《こんなん》な道《みち》であり、精神《せいしん》の勇者《ゆうしゃ》が進《すす》む誉《ほま》れの大道《だいどう》なのです。

それは、あくまでも「民衆《みんしゅう》と共《とも》に」「民衆《みんしゅう》の中《なか》で」「民衆《みんしゅう》のために」という原《げん》則《そく》を貫《つらぬ》く中《なか》で生《う》まれる智慧《ちえ》だからです。生命《せいめい》の尊厳性《そんげんせい》への確《かく》たる「信《しん》」に基《もと》づき、徹《てっ》して一人を大切《たいせつ》にし、民衆《みんしゅう》の大地《だいち》から断《だん》じて離《はな》れない生《い》き方《かた》です。

したがって、仏法中道《ちゅうどう》は、生命《せいめい》の極理《ごくり》に則《のっと》り、全《すべ》てを調和《ちょうわ》させ、一切《いっさい》を蘇生《そせい》させる智慧《ちえ》を生《う》みます。ゆえに、本質的《ほんしつてき》に平和主義《へいわしゅぎ》です。性急《せいきゅう》さに駆《か》られた暴《ぼう》力的《りょくてき》な急進主義《きゅうしんしゅぎ》ではなく、どこまでも人間の尊極性《そんごくせい》を守《まも》り抜《ぬ》く堅実《けんじつ》な漸進主義《ぜんしんしゅぎ》であり、真実《しんじつ》の人間主義《しゅぎ》の哲理《てつり》なのです。

✲✧✲……✲✧✲……✲✧✲……✲✧✲……✲✧✲

思《おも》えば、あのトインビー博士は、2年越《ねんご》しの語《かた》らいの最後《さいご》に、40歳《さい》ほど若《わか》い私の手《て》を強《つよ》く握《にぎ》り締《し》め、未来《みらい》を開《ひら》く「平和《へいわ》への対話《たいわ》」を託《たく》してくださった。

博士の声《こえ》が胸《むね》に響《ひび》く。――ミスター池田が主張《しゅちょう》し、実践《じっせん》してきた「中道《ちゅうどう》」にこそ、これからの人類《じんるい》の進《すす》むべき道《みち》があります。人類全体《じんるいぜんたい》を結束《けっそく》させるために、さらに世界中《せかいじゅう》に対話《たいわ》を広《ひろ》げていってください――と。

「中道《ちゅうどう》」とは、変転《へんてん》してやまない現実世界《げんじつせかい》の真《ま》っ只中《ただなか》で、大宇宙《だいうちゅう》を貫《つらぬ》く根本《こんぽん》の法則《ほうそく》に則《のっと》って、「人間主義《しゅぎ》の正道《せいどう》」「生命尊厳《せいめいそんげん》の大道《だいどう》」を選《えら》び取《と》り、果敢《かかん》に価《か》値創造《ちそうぞう》していく智慧《ちえ》である。

創価の我《われ》らのこの智慧《ちえ》こそが、いよいよ混迷《こんめい》の世《よ》を照《て》らし晴《は》らす時代《じだい》に入《はい》っている。

立正安国《りっしょうあんこく》——世界の平和、民衆《みんしゅう》の幸福《こうふく》のため

創価学会は、「立正安国《りっしょうあんこく》の旗《はた》」を掲《かか》げて、どこまでも、民衆《みんしゅう》の幸福《こうふく》と世界《せかい》の平和《へいわ》のために、現実社会《げんじつしゃかい》の変革《へんかく》に挑戦《ちょうせん》しゆく使命《しめい》を貫《つらぬ》きます。そこに、「人間のための宗教《しゅうきょう》」の精髄《せいずい》があるからです。

それは、仏教《ぶっきょう》の根本精神《こんぽんせいしん》でもあります。

また、日蓮大聖人直結《ちょっけつ》の実践《じっせん》の証《あか》しです。

そして、これこそが創価の師弟《してい》の魂《たましい》にほかなりません。

仏教《ぶっきょう》は、本来《ほんらい》、自分《じぶん》一人が覚《さと》って、それで満足《まんぞく》して終《お》わる宗教《しゅうきょう》ではありません。

「人々の幸福《こうふく》のために行動《こうどう》する」——この実践《じっせん》があってこそ、真《しん》の覚《さと》りと言《い》

えるからです。

◇

大聖人は、力強《ちからづよ》く仰《おお》せです。

「汝《なんじ》、すべからく一身《いっしん》の安堵《あんど》を思《おも》わば、まず四表《しひょう》の静謐《せいひつ》を禱《いの》るべきものか」（新44ジペー・全31ジペー）

すなわち、自身《じしん》の安穏《あんのん》を願《ねが》うのであれば、まず、自分《じぶん》を取《と》り巻《ま》く社会《しゃかい》の平穏《へいおん》を祈《いの》るべきであろうと示《しめ》されているのです。

この御文《ごもん》は為政者《いせいしゃ》に対《たい》する諫暁《かんぎょう》であると同時《どうじ》に、民主主義《みんしゅしゅぎ》の現代《げんだい》においては、私たち一人一人の実践《じっせん》の指標《しひょう》ともいえましょう。

「一身《いっしん》の安堵《あんど》」――一個の人間の安穏《あんのん》は、本質的《ほんしつてき》には、自分《じぶん》一人だけでは実現《じつげん》できません。

一人の人間が安心《あんしん》して暮《く》らしていくには、自然環境《しぜんかんきょう》も社会環境《しゃかいかんきょう》も、平和《へいわ》で安《あん》定《てい》して発展《はってん》していることが重要《じゅうよう》です。

それゆえ、「一身《いっしん》の安堵《あんど》」を本当《ほんとう》に求《もと》めるのなら、まず、エゴイズムに束縛《そくばく》された小《ちい》さな自身《じしん》を超克《ちょうこく》して、自分《じぶん》が生《い》きる社会全体《しゃかいぜんたい》の静穏《せいおん》――「四表《しひょう》の静《せい》謐《ひつ》」を確立《かくりつ》すべきだと仰《おお》せなのです。

◇

「立正《りっしょう》」とは、まず、一人の人間の心《こころ》の次元《じげん》の変革《へんかく》にかかわります。自身《じしん》に内在《ないざい》する「根本善《こんぽんぜん》」に目覚《めざ》め、胸中《きょうちゅう》に法華経の「人間尊敬《そんけい》」「生命尊厳《せいめいそんげん》」の哲《てつ》理《り》を確立《かくりつ》し、生《い》き方《かた》の根底《こんてい》の哲学《てつがく》とすることです。この目覚《めざ》めた人の行動《こうどう》によってこそ、法華経の哲理《てつり》は、社会《しゃかい》を支《ささ》え、動《うご》かす原理《げんり》として確立《かくりつ》されていくのです。

そして、社会《しゃかい》に平和《へいわ》の精神基盤《せいしんきばん》を築《きず》くことが「立正《りっしょう》」の肝要《かんよう》である以上《いじょう》、生《せい》命尊厳《めいそんげん》のため、平和《へいわ》のために、志《こころざし》を同《おな》じくする人々や団体《だんたい》と共《とも》に立《た》ち上《あ》がるのは当然《とうぜん》です。決《けっ》して排他的《はいたてき》なものではありません。

何《なに》よりも大事《だいじ》なのは「立正《りっしょう》」を貫《つらぬ》く一人一人を育《そだ》てることです。一人の「立《りっ》正《しょう》」の人が立《た》ち上《あ》がることで、周囲《しゅうい》を善《ぜん》の方向《ほうこう》へ、平和《へいわ》の方向《ほうこう》へと変革《へんかく》していくことができます。そうした使命《しめい》を担《にな》う師子王《ししおう》の如《ごと》き人材《じんざい》を輩出《はいしゅつ》することが「立正《りっしょう》」の帰結《きけつ》なのです。

また、立正安国《りっしょうあんこく》の「国」とは、民衆《みんしゅう》が住《す》む国土《こくど》のことであり、私たちが目指《めざ》す安国《あんこく》とは、仏国土《ぶっこくど》を実現《じつげん》して民衆《みんしゅう》のための安穏《あんのん》の国土《こくど》を建設《けんせつ》することです。もとより狭《せま》い意味《いみ》での国家体制《こっかたいせい》を意味《いみ》するものではありません。そもそも、一《いっ》国《こく》に限定《げんてい》する必要《ひつよう》もありません。

「安国《あんこく》」の本義《ほんぎ》は、国家主義《こっかしゅぎ》の対極《たいきょく》にあり、世界《せかい》に広々《ひろびろ》と開《ひら》かれたものです。それと共《とも》に、「安国《あんこく》」とは、未来《みらい》にも開《ひら》かれています。仏国《ぶっこく》、すなわち仏《ほとけ》の国土《こくど》とは、「一閻浮提《いちえんぶだい》」に及《およ》び、永続《えいぞく》するものだからです。

「仏国《ぶっこく》」とは、「生命尊厳《せいめいそんげん》」「人間尊敬《そんけい》」という仏法の精神《せいしん》が生《い》き生《い》きと脈打《みゃくう》つ社会《しゃかい》であり、自他共《じたとも》の幸福《こうふく》の実現《じつげん》という思想《しそう》が重《おも》んじられる世界《せかい》のことです。

◇

私たちの対話は社会を変え、世界を結《むす》び、未来を創《つく》る

私ども創価学会の民衆運動《みんしゅううんどう》の根本精神《こんぽんせいしん》は、この「立正安国《りっしょうあんこく》」そのものです。

すべての子《こ》どもの幸福《こうふく》を願《ねが》って教育改革《きょういくかいかく》に立《た》ち上《あ》がられた牧口先生は、「立正安国論《りっしょうあんこくろん》」に強《つよ》く共感《きょうかん》し、日蓮仏法に帰依《きえ》されました。そして、「人《ひと》を救《すく》い、世《よ》を救《すく》うことを除《のぞ》いて、宗教《しゅうきょう》の社会的存立《しゃかいてきそんりつ》の意義《いぎ》があろうか」との信条《しんじょう》のままに、社会《しゃかい》に開《ひら》かれた広宣流布の実践《じっせん》を始《はじ》められました。

戦時中《せんじちゅう》は、「今《いま》こそ国家諫暁《こっかかんぎょう》の秋《とき》ではないか」と決然《けつぜん》と立《た》ち上《あ》がられ、その結果《けっか》、軍部政府《ぐんぶせいふ》によって投獄《とうごく》されても、

最後《さいご》の最後《さいご》まで民衆《みんしゅう》の幸福《こうふく》のために戦《たたか》い抜《ぬ》かれて殉教《じゅんきょう》されたのです。

この権力《けんりょく》の魔性《ましょう》との闘争《とうそう》を覚悟《かくご》し、広宣流布と学会の再建《さいけん》を誓《ちか》って、戦後《せんご》の焼《や》け野原《のはら》に一人立《た》たれたのが、第2代会長戸田城聖先生です。

私が19歳《さい》の時《とき》に蒲田《かまた》の座談会《ざだんかい》で運命的《うんめいてき》に出会《であ》った時《とき》に、恩師《おんし》が講義《こうぎ》されていたのも、まさに「立正安国論《りっしょうあんこくろん》」でした。

「私は、この世《よ》から一切《いっさい》の不幸《ふこう》と悲惨《ひさん》をなくしたいのです!」

その師子吼《ししく》は、今《いま》も胸《むね》から離《はな》れません。

民衆《みんしゅう》の幸福《こうふく》のため、民衆《みんしゅう》から不幸《ふこう》と悲惨《ひさん》を取《と》り除《のぞ》くため、「立正安国《りっしょうあんこく》」の闘争《とうそう》に身命《しんみょう》を賭《と》したのが、三代の師弟《してい》です。

◇

「立正安国《りっしょうあんこく》」とは、即《そく》「世界平和《せかいへいわ》」にほかなりません。

私たちは、どこまでも「対話《たいわ》」という平和的手段《へいわてきしゅだん》で、善《ぜん》の連帯《れんたい》を広《ひろ》げていくのです。

この私たちの対話《たいわ》は、人間の力《ちから》を復興《ふっこう》する戦《たたか》いです。

私たちの対話《たいわ》が、社会《しゃかい》を変《か》え、世界《せかい》を結《むす》び、未来《みらい》を創《つく》ります。

私たちの対話《たいわ》には、希望《きぼう》があります。

生命《せいめい》の可能性《かのうせい》を開《ひら》く蘇生《そせい》の力《ちから》があります。

勝利《しょうり》と勇気《ゆうき》と確信《かくしん》があります。

「人間を信《しん》ずる力《ちから》」によって民衆《みんしゅう》の時代《じだい》を築《きず》くのが、私たちの「立正安国《りっしょうあんこく》」の対話《たいわ》なのです。

✧池田大作先生のプロフィル✧

池田大作（いけだ・だいさく）

1928年～2023年。東京生まれ。創価学会第三代会長、名誉会長、創価学会インタナショナル（SGI）会長を歴任。創価大学、アメリカ創価大学、創価学園、民主音楽協会、東京富士美術館、東洋哲学研究所、戸田記念国際平和研究所などを創立。世界各国の識者と対話を重ね、平和、文化、教育運動を推進。国連平和賞のほか、モスクワ大学、グラスゴー大学、デンバー大学、北京大学など、世界の大学・学術機関から名誉博士・名誉教授、さらに桂冠詩人・世界民衆詩人の称号、世界桂冠詩人賞、世界平和詩人賞など多数受賞。

著書は『人間革命』（全12巻）、『新・人間革命』（全30巻）など小説のほか、対談集も『二十一世紀への対話』（A・J・トインビー）、『二十世紀の精神の教訓』（M・ゴルバチョフ）、『平和の哲学　寛容の智慧』（A・ワヒド）、『地球対談　輝く女性の世紀へ』（H・ヘンダーソン）など多数。

池田大作先生の「仏法哲理の泉」
Soaring Higher ―飛翔―

二〇二五年四月二十八日　発　行

編　者　創価学会男子部教学室
発行者　小島和哉
発行所　聖教新聞社
〒一六〇―八〇七〇　東京都新宿区信濃町七
電話　〇三―三三五三―六一一一（代表）
印刷所　光村印刷株式会社
製本所　大口製本印刷株式会社
ブックデザイン　株式会社ザッツ・オールライト

＊

定価は表紙に表示してあります
© The Soka Gakkai 2025　Printed in Japan
ISBN978-4-412-01717-7

落丁・乱丁本はお取り替えいたします
本書の無断複製は著作権法上での例外を除き、禁じられています